KIM FLECKENSTEIN

# 10 MINUTEN
## FÜR DIE
# Selbstliebe

Unter Mitarbeit von Anna Butterbrod

Für unser verletztes
inneres Kind

# Inhalt

## Woche 3
# Selbstbewusstsein
### Verwandeln Sie einen Mangel in Ihre große Stärke

## Woche 4
# Selbstliebe
### Es ging nie um etwas anderes

# Lieben lernen in nur zehn Minuten – geht das?

Schwimmen kann man lernen. Fahrrad fahren auch. Aber Selbstliebe? Die liegt vor uns wie der Mount Everest. Riesig und angsteinflößend. Wo sollen wir da nur anfangen? Eine unmögliche Herausforderung. Was, wenn ich Ihnen sage, dass Sie es doch schaffen können – indem Sie Schritt für Schritt den Berg in sich erklimmen. Mit diesem Buch drücke ich Ihnen alle Hilfsmittel in die Hand, die Sie auf dem Weg zu einem starken Ich benötigen. Sie brauchen in den kommenden Wochen nur zehn Minuten täglich in sich selbst zu investieren und werden so Ihren inneren Kritiker und Ihre Selbstzweifel los. Und ohne diesen Ballast im Gepäck schaffen Sie's auch locker auf den Mount Everest …

> **Sie müssen keine Auszeit nehmen, um Ihr Leben zu verändern. Lesen Sie ein Kapitel pro Tag und nehmen Sie sich die Zeit für eine – oder wenn Sie möchten – zwei Übungen. Keine dauert länger als zehn Minuten.**

KLEINE AUFGABE

Auch ich bin diesen Weg gegangen. Meine Selbstliebe war früher nämlich so winzig wie ein Stecknadelkopf. Wie es dazu kam, lesen Sie gleich im Kapitel „Meine Geschichte" (siehe ab Seite 12). Ich muss zugeben: Beim Schreiben kamen mir die Tränen. Denn ich schildere minutiös Situationen und Emotionen aus meiner Kindheit, die dafür sorgten, dass es mir später über Jahrzehnte hinweg an Selbstliebe mangelte. Was habe ich mir nur alles gefallen lassen. Wie habe ich mich verbogen. Was habe ich alles nicht gezeigt, nur um die Fassade zu wahren, von der ich meinte, sie mache mich vielleicht liebenswert.

## Stellen Sie die richtigen Fragen

Ich spreche in diesem Buch übrigens immer von mangelnder und nicht von fehlender Selbstliebe. Denn ich glaube, dass wir alle aus Liebe heraus in diese Welt kommen und uns die Selbstliebe von Anfang an mitgegeben wird. Als Erwachsene dürfen wir uns daran erinnern. Wir dürfen ein verkümmertes Gefühl wieder aufwecken und wachsen lassen.

Es bedarf einer Portion Mut, sich den Lebensfragen zu stellen. Und die fangen zunächst mit einem Warum an. Warum bin ich so unglücklich? Warum verhalte ich mich so? Warum bringt mich XY auf die Palme? Und warum habe ich bisher noch nichts dagegen getan? Dann sind die Wie-Fragen dran: Wie schaffe ich es, mich in Zukunft mehr zu lieben? Wie reiße ich Blockaden ein? Wie werde ich Verhinderer los? Ich helfe Ihnen, Antworten auf diese Fragen zu finden. Helfe Ihnen zu erkennen, was Ihnen guttut und was nicht.

Finden Sie heraus, was Glück für Sie bedeutet. Was macht Sie wirklich glücklich? Was wollen Sie im Leben erfahren und zum Ausdruck bringen, um daran Ihren Selbstwert abzulesen? Sind Sie nur glücklich, wenn alles nach Ihren Wünschen verläuft? Was passiert mit Ihnen und Ihrem Selbstwertgefühl, wenn es mal nicht so verläuft wie erhofft?

Fühlt sich der Selbstwert zu gering an, machen Sie bitte nicht andere Menschen dafür verantwortlich. Andere geben Ihnen zwar ein Feedback darüber, wie Sie im Alltag wahrgenommen werden. Aber das darf nicht entscheidend sein für die Richtung, in die Sie sich entwickeln wollen. Denn unsere Mitmenschen wissen oft selbst nicht, wer sie sind oder wer sie sein möchten. Wie kann Ihnen dann ihr Feedback weiterhelfen? Es verunsichert Sie oft nur, anstatt Ihnen weiterzuhelfen.

## Wenn die Selbstliebe schrumpft

Es gibt viele Situationen, die uns verzweifeln lassen und ins Straucheln bringen. In die meisten Fallen tappen wir aus ein und demselben Grund: weil wir uns selbst nicht genug lieben. Weil wir an andere Erwartungen haben, die sie nicht erfüllen – weil sie diese Erwartungen gar nicht kennen oder sie schlichtweg nicht erfüllen wollen.

Wer keine Nähe zu sich selbst aufbauen kann, schafft das auch nicht in Beziehungen mit seinen Mitmenschen. Nur wer mit sich selbst zumeist im Reinen ist, kann sich verbunden fühlen. Kann ehrliche und respektvolle Beziehungen aufbauen. Kann sich selbst lieben – inklusive aller Widrigkeiten. Muss nichts verbergen oder sich zwanghaft schuldig fühlen.

Ich weiß nicht, ob Sie sich schon einmal vorgestellt haben, wie es wohl sein wird, wenn Sie am Ende Ihres Lebens noch einmal eine Rückschau halten. Mir ist das definitiv zu spät, daher mache ich es zwischendurch immer mal wieder. Ein Sprichwort besagt, dass wir im Angesicht des Todes nicht das bereuen, was wir gemacht haben – sondern nur das, was wir nicht getan haben. Und ich habe mir schon vor Jahren versprochen, dass ich am Ende meines Lebens einen Satz nicht sagen möchte: „Hätte ich mich doch bloß mehr geliebt."

Mein Weg zu mir selbst begann vor über zehn Jahren, als ich eines Abends todunglücklich im Bett lag. Eigentlich gab es keinen Grund dafür: Ich hatte einen lukrativen Job in einer tollen Stadt, war körperlich gesund und von guten Freunden umgeben. Doch wenn das immer reichen würde, dürften Menschen mit viel Geld und Besitz niemals klagen. Sie tun es aber trotzdem, und das hat einen einfachen Grund. Egal, wie viel jemand besitzt, wie groß sein Bekannten- und Freundeskreis ist, wie topfit er laut seinem Arzt ist: Wenn die Selbstliebe in sich zusammenschrumpft, wird man immer einen bohrenden Schmerz und ein immenses Mangelgefühl spüren. Was nutzt der größte Reichtum, wenn man sich einsam fühlt? Was der größte Erfolg, wenn einem keiner wirklich nahesteht?

## Hören Sie Ihrem inneren Kind zu

Die Wurzeln für dieses Problem liegen oft in der Kindheit. Darum werde ich in den kommenden Wochen häufig über das „innere Kind" sprechen. Ich möchte Ihnen kurz erklären, was es damit überhaupt auf sich hat, aber so viel vorweg: Das innere Kind steht für den Teil unseres Gehirns, der Gefühle, Erinnerungen und Erfahrungen aus unserer Kindheit gespeichert hat.

**MEISTENS IST DER FRÜHESTE ZEITPUNKT UNSERER KINDHEIT, AN DEN WIR UNS ERINNERN, DAS ALTER VON DREI JAHREN. ES GIBT NUR WENIGE MENSCHEN, DIE SICH NOCH WEITER ZURÜCKERINNERN KÖNNEN.**

Die Bezeichnung „inneres Kind" ist eine Metapher, die in der Psychologie oft verwendet wird. Auch ich mache das. Denn egal, wie groß und erwachsen wir alle sind – das Kind in uns wird es immer geben. Je nachdem, wie unsere jungen Jahre verlaufen sind, steckt ein eher fröhliches, selbstbewusstes und glückliches Kind in uns oder ein eher trauriges, unsicheres und ängstliches. Und auch wenn eine Kindheit oberflächlich betrachtet gut verlaufen ist, gibt es eventuell dunkle Stellen, die genauer betrachtet werden dürfen.

Denn unser inneres Kind steuert maßgeblich, wie wir uns verhalten. Wir sind uns dessen nur nicht bewusst. Es sorgt dafür, dass wir einen Streit anzetteln, dass wir uns vor einem Neuanfang fürchten oder nicht genug an uns selbst glauben. Und das tut es so lange, bis wir ihm in die Augen blicken und fragen: „Wo liegen deine Zweifel, deine Sorge, dein Mangel oder deine Angst? Und woher kommt das?" Erst durch dieses Zwiegespräch ist eine „Heilung" im Inneren und somit auch im Außen möglich.

**WENDEN SIE SICH IN DIESEM BUCH ALSO IHREM INNEREN KIND ZU UND HÖREN SIE GENAU HIN, WENN ES ANFÄNGT ZU ERZÄHLEN.**

## Entwerfen Sie Ihr neues Ich

Sehen Sie sich nicht als Massenprodukt, das bei möglichst vielen Menschen gut ankommen soll. Auf dieser Welt laufen schon zu viele Kopien herum. Mit Ihrer Selbstliebe entfaltet sich auch Ihre Originalität.

Nutzen Sie dieses Buch als Bauplan für das Selbst, das Sie gestalten und verfeinern wollen. Von welchen Bauherren haben Sie sich bisher reinreden lassen? Auf welche wollen Sie weiterhin hören, auf welche nicht mehr? Schreiben und zeichnen Sie alles in dieses Buch, das Ihnen dabei helfen kann, sich von dem zu befreien, was Sie nicht mehr wollen oder nicht mehr brauchen.

Natürlich können Sie Ihre Selbsterfahrung weiterhin aufschieben, kein Problem. Aufschieben geht immer. Die Frage ist nur, wohin diese Schieberei Sie führen soll. Wie sieht Ihr Leben dann in drei, sechs oder zwölf Monaten aus? Wie in fünf Jahren? Glauben Sie, dass es besser wird, wenn Sie weiterhin verdrängen, was Sie nicht anschauen wollen? Wie viel Leid wollen Sie noch ertragen?

Auch wenn Sie am Anfang nur kleine Schritte machen, machen Sie sich bewusst: Mit jeder achtsamen und liebevollen Minute, die Sie sich selbst schenken, kommen Sie Ihrem Ziel ein Stück näher.

## LEGEN SIE LOS!

### Wenn nicht jetzt, wann dann?

Auch meine Klienten, die ich in diesem Buch erwähne, sind ihrem Ziel ein gutes Stück nähergekommen. Ihre Namen habe ich zwar geändert, die Erfahrungen entsprechen aber der Wirklichkeit – so traurig es manchmal ist. Ich konnte allen einen essenziellen Denkanstoß geben. Hoffentlich gelingt mir das auch bei Ihnen. Zu Ihrer eigenen Sicherheit möchte ich Sie allerdings darauf hinweisen, dass dieses Buch keinen Arztbesuch, keine Therapie oder medizinische Hilfsmittel ersetzt.

Ich bedanke mich dafür, dass Sie zu meinem Buch gegriffen haben. Sollten Sie mir schreiben wollen, so können Sie das gerne tun. Sie erreichen mich unter **info@kimfleckenstein.com**. Es kann sein, dass es etwas dauert, bis ich antworte. Aber ich schreibe Ihnen auf jeden Fall zurück.

## UND DENKEN SIE IMMER DARAN:

### Ohne (Selbst-)Liebe ist alles nichts.

Herzlichst

Kim Fleckenstein

# Meine Geschichte

Mit 25 Jahren hatte ich einen schweren Autounfall. Man sagt ja immer, dass bei einem solchen Nahtoderlebnis das ganze Leben an einem vorbeizieht. Aber als ich damals eingeklemmt in meinem völlig zerstörten Wagen festsaß, blutend und vor Schmerz schreiend, ging mir nur eines durch den Kopf: Ich muss meinem Vater unbedingt sagen, dass ich nicht schuld an diesem Unfall bin.

Ich verlor die Besinnung und erwachte irgendwann allein zwischen piepsenden Maschinen auf der Intensivstation eines Krankenhauses. Auch in diesem Moment dachte ich an meine Eltern: Ich wäre fast gestorben. Jetzt MÜSSEN sie mir endlich sagen, dass sie mich lieben.

## ICH LIEBE DICH!

Diese drei Worte habe ich weder von meiner Mutter noch von meinem Vater jemals gehört. Auch nach diesem Unfall nicht. Obwohl ich mir nichts sehnlicher wünschte.

Was ich erst später erfuhr: Als mein Vater nachmittags von meinem Unfall hörte, wartete er bis zum frühen Abend und holte meine Mutter wie geplant von der Arbeit ab. Er fuhr mit ihr zum Einkaufen und sagte ihr erst dann, dass sie noch in die Klinik müssten, weil ich einen schweren Autounfall gehabt hätte.

Was sind wir nur für eine Familie? Diese Frage stellte ich meiner Mutter vor einigen Jahren. Daraufhin sagte sie: „Wir sind keine Familie und wir waren nie eine."

Eines möchte ich klarstellen: Es geht mir nicht darum, meine Eltern an den Pranger zu stellen. Mir ist heute sehr wohl bewusst, dass sie so gehandelt haben, weil sie es für richtig hielten. Es hätte andere Möglichkeiten gegeben, aber die haben sie nicht gewählt. Die Gründe dafür sind vielfältig: mangelnde Einsicht, Ablehnung elementarer Gefühle, die Angst davor, sich selbst zu hinterfragen – und vor allem eine zu geringe Selbstliebe. Denn auch meine Eltern sind von ihren Eltern geprägt und waren deren Erziehung verfallen.

Meine Mutter sagte mir einmal, dass sie die drei Worte „Ich liebe dich" für die verlogensten der Welt hält. Sie und mein Vater stammen aus Familien, in denen es so etwas wie Liebe oder Selbstliebe kaum gab. Und es ist schwierig, etwas von jemandem einzufordern, das derjenige selbst nie erfahren hat.

All das durfte und musste ich lernen zu akzeptieren. Ansonsten wäre ein Leben, so wie ich es heute führe, nicht möglich gewesen. Ich musste lernen loszulassen. Von den Erwartungen, die ich an meine Eltern stellte. Und von der Hoffnung, jemals ihren Erwartungen zu entsprechen. Denn das tue ich bis heute nicht. Diese Gedanken musste ich zulassen, um mich mit meiner Vergangenheit auseinandersetzen zu können. Denn nur wenn ich das tue, kann ich auch liebevoll in der Gegenwart leben. Um mit mir als Person, mit meiner Kindheit, meiner Jugendzeit und auch mit meinen Eltern Frieden schließen zu können.

Dieses Kapitel ist keine Abrechnung, sondern eine Erzählung meines bisherigen Lebens. So wie ich es gesehen habe und wie ich es heute sehe. Ich muss Ihnen von einigen wichtigen Erlebnissen berichten, damit Sie mein Buch verstehen können. Damit Sie wissen, warum ich von manchen Geschehnissen in einer Art berichte, die sich vielleicht hart anhört. Aber ich habe nun mal alles genauso empfunden. Und ich habe keine Lust, meine Gefühle aus irgendwelchen gesellschaftlichen Konventionen heraus anders darzustellen.

Es geht hier nicht darum zu jammern, sondern darum, Ihnen zu zeigen, wie ich zu dem Menschen wurde, der ich heute bin: selbstreflektiert und achtsam, aber alles andere als perfekt. Und das ist für mich völlig okay so.

> **Wir alle tragen seit unserer Geburt ein Päckchen mit Chancen zur Persönlichkeitsentwicklung in uns. Ich habe es aufgemacht, alles rausgenommen und bin dabei, es bis aufs letzte Fitzelchen zu verarbeiten.**

MEINE
ERKENNTNIS

## Auf der Suche nach meinem inneren Kind

Es fiel mir lange schwer, mich an meine Kindheit zurückzuerinnern. Mein Gehirn spuckte nur Fragmente aus. Das kommt daher, weil ich mich in unserer Familie nie richtig wohlgefühlt und vieles verdrängt habe. Erst als ich anfing, mich ausführlich mit meinem inneren Kind zu beschäftigen, konnte ich mich an Situationen erinnern, die mich verstehen ließen, weswegen ich mein damaliges Leben im wahrsten Sinne zum Kotzen fand. Und warum das zu einer jahrelangen Bulimie-Erkrankung führte. Aber dazu später ...

Ich habe einen älteren Bruder und eine Halbschwester aus der ersten Ehe meiner Mutter. Mein Vater sagte einmal: „Wenn deine Mutter und ich noch mal wählen könnten, würden wir nie wieder drei Kinder bekommen." Ich war die Jüngste und nie geplant.

Ich träumte von liebevollen Eltern. Da ich die nicht hatte, wäre ich als Zwölfjährige am liebsten aufs Internat gegangen. Doch das wurde mir untersagt. Meine Mutter und mein Vater arbeiteten beide und so wuchs ich als Schlüsselkind auf. Nach der Schule zog ich durch unsere Wohngegend und lud mich selbst bei Freunden zum Mittagessen ein.

Lange Zeit dachte ich, dass ich das getan hätte, weil es bei uns mittags nichts Warmes zu essen gab. Aber daran lag es nicht. Ich entkam dadurch vielmehr der beklemmenden Atmosphäre zu Hause. Die wurde geprägt durch die Kühle, die emotionale Distanz und die große Strenge meines Vaters. Gekuschelt oder geschmust wurde bei uns so gut wie nie.

Belohnt wurde ich nur für Leistung. Ich weiß noch, dass ich mir einen Plattenspieler wünschte und ihn auch bekam, weil ich einen bestimmten Notendurchschnitt erreicht hatte. Mein Vater wollte unbedingt, dass seine Kinder Abitur machen und dass mindestens eines von ihnen studiert – weil ihm selbst als junger Mann beides verwehrt geblieben war.

Allerdings war ich kein Überflieger und so mangelte es mir an Anerkennung. Die hätte ich sowieso viel lieber für mich als Person bekommen anstatt für meine Schulnoten. Ich hatte oft schlechte Laune, weil ich innerlich mit allem so unzufrieden war. Ich war mies drauf, weil ich einfach nur das Gefühl der Anerkennung und des Willkommenseins haben wollte.

## Ein vorsätzlicher Liebesentzug

Ich war ein impulsives Kind, das seine Gefühle und Gedanken frei äußerte. Dadurch eckte ich in meiner Familie an. Vor allem bei meinem Vater, der einer Generation angehört, die es nicht gelernt hat, über ihre Gefühle zu sprechen. Die typische Schutzstrategie meines Vaters ist das Macht- und Kontrollstreben; meines war Angriff und Attacke.

Unsere Auseinandersetzungen liefen stets nach dem gleichen Muster ab: Ich hatte eine andere Meinung als mein Vater und wagte es, diese auch zu äußern. Das passte ihm überhaupt nicht, woraufhin er mich scharf zurechtwies. Damit hätte ich leben können. Aber er setzte eine noch weitere Taktik ein, die mir an die Substanz ging: Er tat so, als sei ich Luft.

Unsere Diskussionen fanden meist beim gemeinsamen Abendessen statt. Mein Vater ignorierte mich danach üblicherweise eine ganze Woche lang. Anfangs wiederholte ich brav mein „Gute Nacht" oder „Guten Morgen", weil ich dachte, er hätte mich nicht gehört. Aber schließlich erkannte ich, dass er mich absichtlich nicht wahrnahm. Als wir das nächste Mal wieder im Clinch lagen, verzichtete ich von vornherein auf einen Gruß. Das wiederum ließ mein Vater nicht zu. Wenn er nach Hause kam, musste ich ihn mit einem „Guten Abend" begrüßen. Er selbst blieb stumm.

Ich kann verstehen, dass man ab und zu sauer auf jemanden ist. Ich kann verstehen, dass man auch mal keine Lust hat, über etwas zu reden. Aber dieser vorsätzliche Liebesentzug war unglaublich schlimm für mich.

War die Woche um, grüßte mein Vater mich wieder, wenn ich aus meinem Zimmer getrottet kam. Zunächst zwar noch sehr reserviert – doch zumindest war ich wieder anerkannt. Der Streit an sich wurde nie mehr thematisiert, es gab bei uns keine Aussprachen. Deswegen habe ich es als Kind zum Beispiel nicht gelernt, wie man konstruktives Feedback gibt.

Falls Sie sich fragen, was meine Mutter zu all dem zu sagen hatte: nicht viel. Und wenn, dann änderte es nichts. Mein Vater war der Patriarch, seine Meinung und seine Laune zählten. Alle hatten sich nach ihm zu richten. Auch meine Mutter.

## Immer wieder Tadel statt Trost

Mit 14 blieb ich nach dem Unterricht noch gerne mit Klassenkameraden auf dem Schulgelände. Eines Tages spielte ich mit ein paar Jungen Fußball. Das Wetter wurde immer schlechter, aber das störte uns nicht. Erst als die Wolken bedrohlich dunkel wurden und mit einem Mal ein unglaubliches Gewitter ausbrach, flüchteten wir vom Fußballplatz. Einige von uns fanden es sinnvoll, eine Abkürzung zu nehmen. Sie führte über einen hohen Eisenzaun mit zentimeterlangen Eisenspitzen. Wir kletterten hoch – was natürlich extrem dumm von uns war, aber so leichtsinnig waren wir als Jugendliche eben – und es passierte, was passieren musste: Ich rutschte am pitschnassen Zaun ab und eine der Eisenspitzen, an denen ich mich hochgezogen hatte, bohrte sich zwischen Ring- und kleinem Finger meiner rechten Hand ins Fleisch.

Ich schrie und blutete ganz fürchterlich. Meine Mutter wurde gerufen und brachte mich ins Krankenhaus. Dort schnitt man den Ring, den ich damals trug, auf. Denn meine Hand war so angeschwollen, dass er nicht mehr runterging. Die fünf Zentimeter lange Wunde musste genäht werden.

Mit einem dicken Verband wurde ich nach Hause geschickt und setzte mich dort aufs Sofa. Ich dachte, mein Vater würde mich in irgendeiner Form trösten, wenn er heimkäme. Schließlich war ich nicht absichtlich hängen geblieben. Als er die Diele betrat, blickte er fragend auf meinen Verband. „Was ist passiert?" Nachdem ich ihm die Kurzversion erzählte hatte, atmete er völlig entnervt aus, schmiss seinen Autoschlüssel in die Schale und hielt mir einen Vortrag über Dummheit.

Ich weiß, dass Eltern in so einer Situation oft wütend reagieren, weil sie sich Sorgen machen und daran denken, was noch alles hätte passieren können. Aber das war mir damals erstens nicht bewusst und zweitens half mir diese Standpauke überhaupt nicht weiter. Mir ging es dadurch nur noch schlechter. Nicht nur, weil die Wunde pochte, sondern weil mir der dringend benötigte Trost fehlte.

## Flucht in die Bulimie

Das Wort „Sucht" kommt von „suchen". Mit 17 suchte ich vor allem nach Liebe. Ich war schon als Kind sehr dünn und wurde oft auf mein Gewicht angesprochen. Das empfand ich nicht als unangenehm. Im Gegenteil: Ich genoss die Aufmerksamkeit, die ich dadurch erhielt. Ich wog damals rund 40 Kilo und kontrollierte täglich mein Gewicht.

Eines Abends ging ich mit einer Freundin aus und lernte einen Jungen kennen. Wir unterhielten uns stundenlang und ich fand ihn ziemlich gut. Auch er fragte mich, wie viel ich denn wiege, und ich erzählte ihm, wie wichtig mir mein Gewicht sei.

Am nächsten Tag besuchte ich ihn mit meiner Freundin im Geschäft seiner Eltern. Ich erinnere mich noch genau an die Szene: Er schaute mich an und fragte zur Begrüßung, wie viel ich denn heute wiegen würde. Ich antwortete „40,5 Kilo". „500 Gramm mehr als gestern? Fette Sau!"

Das war wohl als Scherz gemeint. Doch ich nahm seine Bemerkung bitterernst. Als ich wieder zu Hause war, steckte ich mir zum ersten Mal in meinem Leben den Finger in den Hals, um so viel Essen zu erbrechen, wie ich nur konnte.

Mein Selbstwertgefühl maß sich jahrelang an meinem Gewicht und dem Aussehen meines Körpers. Ich machte den Erfolg oder das Scheitern eines Tages daran fest, welche Zahl auf der Waage stand. Manchmal stieg ich bis zu dreimal am Tag auf die Waage.

Bulimie hat viel mit Kontrolle zu tun. In meinem Leben lief einiges aus dem Ruder – aber mein Gewicht und das, was ich in meinen Körper ließ, konnte ich steuern. So fühlte ich mich einerseits sehr stark, dann aber auch wieder unendlich schwach – nämlich in den Momenten, in denen ich völlig unkontrolliert Essen in mich hineinschlang. Es war ein ständiges Auf und Ab der Gefühle.

Genau deshalb aber hatte mich die Sucht auch so gut im Griff, bestimmte sie doch lange Zeit meine Gefühle. Und zwar die Gefühle einer vermeintlichen Kontrolle.

In den folgenden Jahren spezialisierte ich mich geradezu darauf, hochkalorische Gerichte zuzubereiten. Schließlich wusste ich, dass ich hinterher alles wieder auskotzen würde. Das war und blieb mein Geheimnis, ich verriet es niemandem. Insgeheim jedoch hoffte ich, dass mich meine Eltern auf den sauren Geruch im Bad oder in meinem Zimmer ansprechen würden. Oder dass sie mich fragen würden, warum ich abends nach dem Essen noch so oft rausging, um den Müll runterzubringen.

Ich habe Jahre später, als ich zu meiner Bulimie stehen und darüber reden konnte, von Verwandten erfahren, dass meine Eltern von meiner Erkrankung wussten. Ich selbst habe nie mit ihnen über meine Sucht sprechen können. Ich hatte zu große Angst vor dem Satz: „Wir haben das damals schon vermutet." Denn dann hätte ich sie fragen müssen: „Warum habt ihr nichts getan?"

## Wie ich die Sucht stoppte

Es gibt Geburtstagsgeschenke, die möchte man einfach nicht haben, bekommt sie aber trotzdem. Als ich 18 wurde, eröffnete mir meine Mutter, sie werde sich von meinem Vater trennen. Schließlich sei ich nun volljährig – nur darauf habe sie gewartet. Sie setzte ihr Vorhaben nie in die Tat um. Dafür gibt es mehrere Gründe. Mit Liebe haben sie meiner Meinung nach allerdings nichts zu tun, denn ich weiß ja, wie meine Mutter zu diesem Gefühl steht.

Im Laufe der Jahre machte ich meine ersten Beziehungserfahrungen, die alle katastrophal verliefen. Rückblickend wundert mich das überhaupt nicht: Entweder tat ich mich mit jungen Männern zusammen, die eine ähnlich dominante Persönlichkeit hatten wie mein Vater. Oder sie waren das genaue Gegenteil von ihm – und dann butterte ich sie unter. Heute weiß ich außerdem, dass meine Beziehungsprobleme immer etwas mit der Beziehung zu mir selbst zu tun hatten.

Mit 22 Jahren hatte ich einen Freund, dessen Familie gut betucht war. Wir gingen mindestens drei bis vier Mal pro Woche mit seinen Eltern chic essen. Natürlich wollte ich nicht jedes Mal im Restaurant auf die Toilette gehen und mich übergeben. Ich schämte mich wahnsinnig für meine Sucht. So sehr, dass ich beschloss, damit aufzuhören. Ich tat es von einem auf den anderen Tag.

Das hört sich für Sie jetzt vielleicht völlig utopisch an. Aber es war so. Ich bin ein sehr rationaler Mensch. Und ich glaube, man braucht manchmal eine gehörige Portion Rationalität, um einen besseren Abstand von persönlichen Problemen zu bekommen. Ich machte mir damals ganz klar bewusst: Ich will mir nicht mehr den Finger in den Hals stecken. Und wenn für mich Schluss ist, ist Schluss.

> **Ich bin überzeugt davon, dass jeder Mensch ein ungewünschtes Verhalten einstellen kann. Und zwar sobald er selbst es wirklich will – nicht, wenn andere versuchen, ihm das einzureden. Er selbst muss seine Entscheidung als unumstößliche Tatsache akzeptieren. So wie ich. Mein Beschluss lautete: Ich erbreche mich nicht mehr. Punkt!**

**MEINE ERKENNTNIS**

Ich beschränkte mich von da an darauf, im Restaurant möglichst wenig zu essen. Die Sucht, wieder zu erbrechen, konnte ich so zwar erfolgreich beenden. Aber mein starkes Verlangen nach Liebe bekam ich nicht in den Griff. Ich versuchte erneut, es auf die falsche Art und Weise zu stillen – führte damit aber nur eine Suchtverlagerung herbei.

Mit 23 verliebte ich mich in einen Mann, der mich immer wieder spüren ließ, wie toll er mich fand. Ich bekam endlich all die Aufmerksamkeit, die ich mir wünschte, und sagte daher auch Ja, als er mich um meine Hand bat. Obwohl ich tief in mir drin wusste, dass er nicht der Richtige für mich war.

Ich ging zu meinen Eltern, um sie über meine bevorstehende Hochzeit zu informieren. Ich hoffte, sie würden mich davon abhalten. Mir endlich sagen, wie sehr sie mich liebten. Und mir versprechen, mit mir zusammen meine Probleme anzugehen. Ich wollte sie wachrütteln, doch das funktionierte nicht. Stattdessen kam nur ein knappes: „Hast du dir das auch gut überlegt?"

Nein, das hatte ich natürlich nicht. Noch auf dem Standesamt fragte ich mich: Warum machst du das nur? Nach nur anderthalb Jahren war die Ehe am Ende. Mittlerweile habe ich mich bei meinem Exmann für mein Handeln damals entschuldigt und ihm erklärt, warum unsere Liebe von vornherein zum Scheitern verurteilt war. Er ist wieder verheiratet und ein glücklicher Vater. Ich freue mich von Herzen für ihn.

## Mein Aufbruch zu mir selbst

Nach der Scheidung irrte ich weiter durchs Leben. Es folgten viele unglückliche Beziehungen, bis ich im Alter von 33 endlich die Entscheidung traf, einen Psychologen aufzusuchen. Das war das Beste, was ich für mich tun konnte.

Insgesamt hatte ich nur zwei Sitzungen bei ihm, aber die veränderten mein Leben nachhaltig. Als ich das erste Mal zu ihm kam, wunderte ich mich über das Päckchen Taschentücher auf dem Tisch. Außerdem hatte ich Angst, weil ich keine Ahnung hatte, was ich gleich zu ihm sagen sollte. 60 Minuten später wusste ich, für wen die Taschentücher dalagen und dass ich mir überhaupt keine

Gedanken hätte machen müssen, wie ich die Stunde fülle. Denn ich hatte 55 Minuten nonstop gesprochen. Dabei hatte der Psychologe mir nur drei Fragen gestellt. Aber die bewirkten, dass ich endlich meinen Mund aufmachte und zum ersten Mal alle Probleme, Sorgen und Zweifel in Form von Wörtern und Tränen „erbrach".

In der zweiten Sitzung musste ich wieder viel weinen und ich fragte ihn, warum ich denn nur so traurig sei. Er antwortete:

**WEIL SIE SCHON SO LANGE VERZWEIFELT NACH LIEBE GESUCHT UND DIESE GEGEBEN HABEN, ABER KAUM ZURÜCKGELIEBT WURDEN.**

## Die Abnabelung von meinen Eltern

Ungefähr zu dieser Zeit feierte ich ein letztes Mal mit meinen Eltern Weihnachten auf Sylt. Das war ihr alljährliches Ritual. Sowohl mein Bruder als auch meine Schwester zogen es vor, mit ihren Familien zu feiern. Unser Insel-Abend war dann auch alles andere als „heilig". Mein Vater äußerte sich abfällig über meinen Bruder, was ich nicht so stehen lassen wollte.

Je mehr ich meinen Bruder verteidigte, desto wütender wurde mein Vater. „Den guten Eindruck, den du am Anfang des Abends hinterlassen hast, hast du in den vergangenen Stunden kaputt gemacht", wetterte er. Dann attackierte er mich: „Ich habe gehört, dass du früher mal Probleme gehabt hast" – damit spielte er das erste und einzige Mal auf meine Bulimie an –, „aber das Einzige, wofür du nichts konntest, war dein Autounfall."

Mein Vater sprach's, stand auf, knallte den Stuhl an den Tisch und ging ins Bett. Ich fuhr am zweiten Weihnachtstag zurück nach Hause und dachte nur: „Das war's. Ich bin es leid. Ich höre mir diese blöden Kommentare von ihm nicht mehr an."

Daraufhin hatten wir lange keinen Kontakt. Das letzte Mal hörte ich mit Ende 30 von ihm, als ich mit meiner Schwester und meiner Mutter Urlaub auf Sylt machte und er abends dort anrief. Ich ging ans Telefon und er meldete sich mit seinem Nachnamen. Nein, er hatte mich nicht falsch verstanden oder verwechselt. Ich sagte dennoch fröhlich „Hallo Papa." Er fragte, wo Mama sei. „Nicht da." Daraufhin legte er auf. Seitdem herrscht zwischen uns absolute Funkstille – mit der ich inzwischen sehr gut leben kann.

Zu meinem 40. Geburtstag gab ich eine Party, zu der ich auch meine Mutter einlud. Ich hielt eine Rede auf jeden Gast und fing mit ihr an. Ich sagte, dass ich mir immer so gewünscht habe, von ihr zu hören, dass sie mich liebt. Ich erklärte, dass ich darunter sehr gelitten habe. Andererseits sei mir bewusst geworden, dass auch ich ihr nie gesagt habe, dass ich sie liebe. „Ich will diesen Abend nutzen, um das nachzuholen. Mama, ich liebe dich."

Natürlich hoffte ich wieder, die letzten drei Worte nun auch von ihr zu hören. Vielleicht hat sie sie gedacht, aber sie konnte sie aus irgendwelchen Gründen nicht aussprechen. Stattdessen verriet sie mir, dass mein Vater unsere Halbschwester immer mehr als sein Kind empfunden hat als meinen Bruder und mich. Es sind schon tolle Geburtstagsgeschenke, die ein Kind von seinen Eltern so bekommen kann, nicht wahr?

**MEINE ERKENNTNIS**

**An diesem Abend wurde mir klar, dass die Hoffnung und die verzweifelte Erwartung meinen Eltern gegenüber ein Ende haben mussten. Und ich glaube, damals entstand unbewusst auch der Wunsch, eines Tages alles aufzuschreiben, um das Kapitel „Meine Eltern und ich" endlich abzuschließen.**

## Ich liebe mich – endlich

Erst mit Anfang 40 reifte in mir die Erkenntnis, dass es nur einen Menschen geben kann, der mir zeigen und mich fühlen lassen kann, dass ich liebenswert bin. Und das bin ich.

Ich war gerade in der Stadt unterwegs, als mich diese Einsicht überkam. Ich dachte an die Menschen, die von ihren Eltern so geliebt wurden, wie sie sind. Und dann an die vielen Menschen wie mich, die sich nie geliebt fühlten. Ich konnte und wollte mir in dem Moment einfach nicht vorstellen, dass für alle ungeliebten Kinder der Zug abgefahren sein soll. Egal, wie alt sie sind. Also fasste ich den Entschluss, mich von nun an um meine Selbstliebe zu kümmern. Ich beschloss voller Mut, dem Weg zu folgen, den sie mir aufzeigen würde. Eines stand fest: Ich musste mich endlich um mich selbst kümmern. Denn nur ich konnte das so tun, wie ich es wirklich brauchte.

Ich hatte zwar lange Zeit vergessen, mich um mich selbst zu sorgen. Aber ich ahnte, dass die Liebe mich nicht vergessen hatte. Ich wusste damals noch nicht, wie mein Weg aussehen würde. Ich beschloss allerdings: Ich lasse nicht mehr zu, dass irgendjemand mir das Gefühl geben kann, ich sei kein liebenswerter Mensch.

### ICH BEGANN MIT EINER GRUNDLEGENDEN FRAGE:

#### Was bedeutet Selbstliebe für mich?

Jeden Tag kam ich der Antwort ein bisschen näher. Ich erkannte, dass ich nicht die Erlaubnis anderer brauche, um mich selbst zu lieben. Ich muss mir nur selbst erlauben, meine Liebe zu leben. So begann die Reise zu mir selbst.

Heute kann ich sagen, dass ich mich zu 100 Prozent liebe. So wie ich bin. In den Momenten, in denen ich nett bin, und auch in den Momenten, in denen ich Fehler mache.

Meine Selbstliebe ist nicht verhandelbar. Auch nicht an Tagen, an denen es mir schlecht geht. An denen ich etwas sage, was ich mir vielleicht besser verkniffen hätte. Oder an denen ich etwas hätte sagen sollen, es aber nicht getan habe. Denn was auch immer passiert:

## WIR DÜRFEN DIE LIEBE ZU UNS SELBST NICHT INFRAGE STELLEN.

Sie kennen nun einen großen und wichtigen Teil meines Lebens. Es war mir wichtig, über mich zu erzählen, da ich Ihnen mit dieser Geschichte Folgendes mitgeben möchte: Wenn ich es geschafft habe, mich selbst anzuerkennen und zu lieben, dann schaffen Sie das auch. Da bin ich mir sicher.

Ich wünsche Ihnen nun viel Erfolg mit meinem Buch.

# 1

## Selbstwahrnehmung

Mal ganz anders als bisher

Heute kann Ihr neues Leben beginnen, wenn Sie es wollen. Machen Sie sich dafür mental auf den Weg und nehmen Sie sich anders und bewusster wahr als bisher. Denn Sie können nur das verändern, dessen Sie sich selbst bewusst werden. Schreiten Sie Tag für Tag mit vielen Erkenntnissen über sich selbst voran.

# Wer sind Sie und woher kommt das?

Werden wir gefragt, wer wir sind, antworten wir zunächst mit unserem Namen. Wenn wir uns dann noch genauer beschreiben sollen, nennen wir wahrscheinlich Beruf, Alter, Familienstand und Anzahl der Kinder – sofern wir welche haben. Aber ist das die Antwort auf die Frage: „Wer sind Sie?"

Ich denke, dass Sie so viel mehr sind als Ihre äußeren Lebensumstände. Für mich sind Sie zuallererst ein menschliches Wesen, das wunderbare Eigenschaften in sich trägt. Unsere Gesellschaft hat sich jedoch leider dahin entwickelt, dass das Sein eines Menschen mit seinem Besitz gleichgesetzt wird: viel Besitz = viel Sein, wenig Besitz = wenig Sein.

Oft scheint es, dass Menschen mit weniger Hab und Gut eine geringere Daseinsberechtigung hätten, als die mit mehr Besitz. Dabei wissen wir, dass hinter viel Schein leider oft wenig Sein steckt. Es sind oft die Menschen mit ganz viel Geld, die sehr arm dran sind.

## Wie stark ist Ihre Selbstwahrnehmung?

Aber wer sind Sie wirklich? Um diese Frage beantworten zu können, müssen Sie eine gute Selbstwahrnehmung haben. Gut bedeutet in diesem Fall, dass Sie sich regelmäßig mit sich selbst beschäftigen. Dass Sie zum Beispiel am Morgen darauf achten, wie Sie in den Tag starten, und am Abend nicht nur sagen können, wie Sie sich tagsüber gefühlt haben, sondern auch, wie es dazu gekommen ist. Und wie Sie sich durch diese Gefühle verhalten haben: nett oder weniger nett, respektvoll oder respektlos, gut gelaunt oder mies gelaunt.

> **Können Sie sagen, wie Sie sich jetzt, genau in diesem Moment fühlen? Ja? Das ist schon mal gut. Aber wissen Sie auch, warum Sie sich fühlen, wie Sie sich fühlen? Woher das kommt? Ist ein Gefühl einfach so da, ohne dass Sie es beeinflussen können? Oder sind andere Menschen dafür verantwortlich? Fühlen Sie sich denen ausgeliefert?**

KLEINE AUFGABE

Mein altes Ich hätte Ihnen sagen können, wie es sich fühlt. Meistens lautete die Antwort: „Schlecht." Und meistens machte ich dafür andere Menschen verantwortlich. Aber niemals nur mich selbst. Oder es hätte geantwortet, dass es das nicht weiß, denn es liegt ein Schutz vor dem Schmerz in dem Sich-nicht-selbst-wahrnehmen-Wollen.

## Drehen Sie Ihr Ego leiser

Heute weiß ich es besser. Ich weiß, dass mein Ego zum Beispiel oft für meine schlechte Laune verantwortlich war. Es störte sich an einer bestimmten Situation oder einer bestimmten Person. Oder es machte sich Sorgen über eine Zukunft, die es bisher nur in der Fantasie gab.

Da ich mittlerweile ein selbstreflektierter und mir gegenüber ehrlicher Mensch bin, kann ich meinem Ego die Lautstärke abdrehen und wahrnehmen, dass meine schlechte Laune nur etwas damit zu tun hat, dass ich gedanklich in der Vergangenheit hänge oder schon in die Zukunft blicke.

Natürlich wird meine schlechte Laune auch mal von anderen Menschen hervorgerufen. Aber ob ich tief in dieses Gefühl der schlechten Laune eintauche, entscheide ich selbst. Und genauso hole ich mich früher oder später auch wieder dort heraus. Dafür brauche ich keine Aufmunterung durch eine andere Person.

Wenn mein früheres Ich das hier gelesen oder gehört hätte, wäre es sicher total genervt gewesen. Denn es wollte immer nur das wahrnehmen, was ihm in den Kram passte. Und dazu hätte sicher nicht die Tatsache gehört, dass ich für meine schlechte Laune selbst verantwortlich bin.

Aber im Laufe der Jahre, in denen ich anfing, mich selbst zu lieben, habe ich auch gelernt, einfach mal etwas wahrzunehmen und so anzunehmen, wie es ist. Auch meine schlechte Laune. Ohne sie gleich wieder auf etwas oder jemanden zu schieben. Nur so konnte ich nach und nach herausbekommen, wie sie überhaupt zustandekam. Und erst dann konnte ich auch etwas daran ändern.

Ich berichte übrigens über meine damalige schlechte Laune, weil ich festgestellt habe, dass Menschen, die mit sich selbst unzufrieden sind, sehr oft schlecht gelaunt sind. Dass sie sich selbst zu wenig lieben. Mir ging das so. Ihnen vielleicht auch?

**AUF EINEN BLICK**

**In dieser Woche der Selbstwahrnehmung finden Sie heraus, wer Sie wirklich sind und woher Ihr Verhalten kommt. Es geht in den kommenden sieben Tagen nicht um ein Urteil über Ihre Person, sondern um die Wahrnehmung Ihrer Person. Denn diese Selbstwahrnehmung zeigt Ihnen einen neuen Weg auf, den Sie gehen können, um Ihre bisherigen Probleme zu lösen und zu dem Menschen zu werden, der Sie sein möchten.**

# Welche Maus nagt an Ihrem Lebensbaum?

Zum Start in diese erste Woche geht es um ein wichtiges Versprechen. Eines, das Sie sich selbst für die kommenden vier Wochen geben. Dadurch haben Sie Ihr Ziel immer vor Augen. Sie legen heute für sich eine Haltung fest, die Sie die nächsten vier Wochen tragen wird – durch alles, was Sie erkennen, empfinden, erfahren und entdecken. Sie bejahen dieses Versprechen durch und durch, sodass Gegenargumente keine Chance haben.

Ich gab mir auch einmal ein wichtiges Versprechen, das ich bis heute einhalte. Es geht dabei um Freundschaft. Mir waren meine Freunde schon sehr früh sehr wichtig. Vor allem weil meine Familie mir im Leben wenig Halt gab. Aber wie viele andere unzufriedene Menschen auch habe ich früher das ein oder andere Mal über eine Freundin oder einen Freund gelästert. Echt schlecht, nicht wahr? Allerdings kein ungewöhnliches Verhalten, wenn man sich selbst nicht liebt. Da kann schon mal eine Welle des Missmuts auf den Freundeskreis überschwappen.

Dieses Verhalten wurde mir im Laufe meines Selbstwahrnehmungsprozesses bewusst. Es hat mich geärgert und beschämt. Ich musste es ändern – und darum habe ich ein Gelübde abgelegt. Das hört sich vielleicht etwas hochtrabend an. Aber mir hilft dieser Begriff sehr, mein Versprechen auch ernst zu nehmen.

## Wer kann Ihr Helfer sein?

Schon seit Längerem führe ich Gespräche mit Gott. Damit meine ich nicht den aus der Kirche, sondern die göttliche Instanz, an die ich glaube. Mein Gott ist religionsfrei und kann auch mal als Gruppe auftreten. Dies einfach nur zur Erklärung, damit Sie wissen, dass ich hier keinen Religionsunterricht abhalten will.

Mein Versprechen, das ich also vor „Gott" ablegte, besagte, dass ich mich nicht mehr negativ über meine Freunde äußere. Aus Lästereien im Freundeskreis halte ich mich inzwischen komplett raus. Missfällt mir etwas, spreche ich es direkt an.

Hätte ich mir dieses Versprechen auch selbst geben können? Natürlich. Aber ich weiß, dass wir Menschen uns den lieben langen Tag viele Dinge versprechen, die wir dann nie einhalten. Also brauchte ich etwas Besonderes, etwas Bindendes. Der Deal ist, dass ich von Gott liebevoll daran erinnert werde, sobald ich mein Gelübde breche. In dem Fall stupst er mich an und fragt: „Kim, warum fühlst du dich so? Warum redest du so? Bist du eventuell neidisch oder eifersüchtig?"

Vielleicht haben Sie auch einen Gott oder eine Göttin, mit dem oder der Sie täglich sprechen? Als liebevolle Instanz, die Sie an Ihr Versprechen erinnern kann, wenn es notwendig sein sollte. Oder gibt es jemanden in Ihrer Familie, Ihrem Freundes- oder Bekanntenkreis, der Sie beim Einhalten Ihres Versprechens unterstützen kann?

**NUTZEN SIE ALLES, UM IHR FUNDAMENT FÜR DIE NÄCHSTEN VIER WOCHEN ZU FESTIGEN.**

# Ihr Versprechen an sich selbst

**Halten Sie hier Ihr Versprechen für die nächsten vier Wochen fest. Ich gebe Ihnen dazu einige Beispiele und Denkanstöße:**

•

Ich bleibe vier Wochen an diesem Buch dran.

•

Ich liebe mich am Ende der vier Wochen um … Prozent mehr.
Ich werde das daran erkennen können, dass …

•

Ich bin mir in den nächsten vier Wochen die wichtigste Person.

•

Ich wende das Wissen, das ich hier bekomme, auch an.

•

Ich werde nach diesen vier Wochen nicht mehr …

•

Ich werde nach diesen Wochen …

•

Natürlich kann Ihr Versprechen auch ganz anders lauten.
Dann schreiben Sie es hier auf:

HABEN SIE SICH EINMAL FESTGELEGT,
VERINNERLICHEN SIE DAS HEUTIGE TAGESMOTTO:

➥→

**Ich hadere nicht mit meinem getroffenen Versprechen.
Ich stelle es nicht infrage.**

Ich empfehle Ihnen, dass Sie das Buch nun zur Seite legen und in Ihren Tag starten – wie auch immer er aussehen mag und wie auch immer Sie ihn gestalten wollen. Sie haben Ihr Versprechen und Ihr Tagesmotto als kraftvolle Unterstützung an Ihrer Seite. Ihr Tag kann also nur großartig werden.

KLEINE
AUFGABE

**Denken Sie daran, dass dieser Tag der erste Tag Ihrer Selbstwahrnehmungswoche ist. Halten Sie also zwischendurch immer mal wieder inne, um zu spüren, wie es Ihnen geht und was Sie wahrnehmen. Vielleicht wollen Sie sich auch Notizen dazu machen. Die können im Laufe der nächsten Wochen sehr hilfreich sein.**

## Wie sieht Ihr Lebensbaum aus?

Der Lebensbaum ist ein weitverbreitetes Symbol für Schöpfung und Fruchtbarkeit. In der Tiefenpsychologie steht er für unsere Persönlichkeit, die sich aus Körper, Geist und Seele zusammensetzt. Ist sein Stamm kräftig und sind die Wurzeln fest in der Erde verankert, bedeutet das, dass Sie mit sich sowohl innen als auch außen im Einklang sind. Die Äste sowie die Blätter und Früchte, die daran hängen, stehen für Ihre persönlichen Interessen. An meinen hängen zum Beispiel ganz viele Bücher. Solche, die ich gerne lese, aber auch die, die ich bereits geschrieben habe. Und die, die ich noch schreiben werde. An anderen Ästen prangen etliche Zettel mit Adressen, die für meine Kontakte zu Menschen stehen.

JE BESTÜCKTER IHR BAUM IST – JE DICHTER
SEINE KRONE, JE RUNDER SEINE FRÜCHTE –,
DESTO PRALLER IST AUCH IHR LEBEN.
DER BAUM SPIEGELT IHRE FREUDE DARAN WIDER.

Sollte Ihr Baum derzeit eher kahl oder fruchtlos sein, dann stellen Sie sich vielleicht schon länger die Frage nach Ihrem Lebenssinn. Je weniger Ihnen dieser bewusst ist, desto weniger kann Ihr Baum blühen und gedeihen.

Oder gibt es vielleicht eine kleine Maus, die an den Wurzeln nagt? Diese Maus steht für Ängste, mangelndes Selbstwertgefühl oder andere seelische Probleme. In diesem Fall dürfen Sie sich fragen, welche Zweifel oder Sorgen Sie derzeit beschäftigen – und im Wachstum behindern. An Ihrem derzeitigen Lebensgefühl können Sie auch ablesen, ob Ihr Baum genug Wasser bekommt oder ob er nach und nach vertrocknet. Kann es sein, dass andere Menschen lebensnotwendiges Wasser von Ihnen abzwacken?

> **Schließen Sie doch mal für einen Moment die Augen und stellen Sie sich im Geiste Ihren eigenen Lebensbaum vor. Was sehen und fühlen Sie?**

KLEINE
AUFGABE

Wenn Sie Ihre Augen wieder geöffnet haben, lesen Sie bitte nicht gleich weiter, sondern nehmen Sie sich ein Blatt Papier und zeichnen das auf, was Sie eben vor Ihrem inneren Auge gesehen haben. Am besten jetzt gleich.

# Schlagen Sie Wurzeln wie ein Baum

**Diese Meditation kann Ihnen wunderbar dabei helfen, sich stärker als bisher in Ihrem Leben verwurzelt zu fühlen. Machen Sie sie zehn Minuten lang, um die erdende Wirkung mit in den Schlaf zu nehmen.**

•

Stellen Sie sich aufrecht hin, am besten barfuß. Sollte Ihnen das körperliche Probleme bereiten, setzen Sie sich hin und stellen beide Füße auf den Boden. Achten Sie darauf, dass Ihre Füße schulterbreit auseinander- und parallel zueinander stehen. Die Knie sind leicht gebeugt.

•

Stellen Sie sich vor, ein unsichtbarer Faden reiche von Ihrem Scheitel bis zur Decke, der Ihre aufrechte Haltung unterstützt. Ihre Schultern lassen Sie entspannt nach unten sinken. Schließen Sie Ihre Augen und atmen Sie ganz entspannt ein und aus.

•

Es geht nicht darum, an etwas Besonderes zu denken, sondern den Fokus auf Ihre Füße und den Boden zu richten. Was spüren Sie? Falls Sie schwanken, lassen Sie sich davon nicht beirren. Es kann sein, dass Sie das nur so empfinden, weil Sie momentan innerlich schwanken und sich das in der Meditation zeigt.

•

Spüren Sie, wie sich Ihre Wurzeln
von den Füßen durch den Boden, durch das gesamte Haus
immer tiefer in die Erde hineingraben. Stellen Sie sich vor, wie
Ihre Wurzeln sich voll Wasser saugen, sodass Ihre
Lebensfreude wieder fließen kann.

•

Erkennen Sie, dass an Ihrem Baum tatsächlich
eine Angstmaus nagt, signalisieren Sie ihr jetzt, dass Sie sie
wahrnehmen. Denn erst, wenn Sie die Angst wirklich in
ihrem ganzen Ausmaß erkennen und annehmen,
können Sie etwas dagegen tun.

*Diese Meditation finden Sie als Hörversion auf meiner Webseite.*

# Das Ja-Nein-Experiment

Heute finden wir heraus, wie oft Sie zu etwas Ja sagen, obwohl Sie das eigentlich gar nicht wollen. Ist die Angst, nicht gemocht zu werden, größer als Ihr persönliches Wohlergehen? Oder denken Sie, Sie machen sich unentbehrlich, indem Sie so viele Aufgaben wie möglich annehmen?

**ICH VERRATE IHNEN MAL ETWAS:**

**Erfolgreiche Menschen sind oftmals notorische Neinsager.**

Weil sie ihre eigene Lebenszeit als sehr kostbar ansehen. Nichts ist ihnen wichtiger. Menschen, die sich selbst nicht genug wertschätzen, kostet jedes Nein dagegen enorme Überwindung. Bevor sie eine Entscheidung treffen, findet in ihrem Kopf ein ausgiebiges Selbstgespräch statt. Dieses ist geprägt von schlechtem Gewissen sowie dem Wunsch nach Anerkennung und Lob. Eine Kombination, die meist zur falschen Entscheidung führt … Denn mit jedem Ja zu etwas, das Sie nicht (mehr) wollen, sagen Sie automatisch Nein zu sich selbst.

Damit handeln Sie gegen Ihre eigenen Bedürfnisse. Hier liegt ein weiteres Dilemma: Was sind denn überhaupt Ihre Bedürfnisse? Was wollen Sie mit einem Ja zu anderen und einem Nein zu sich selbst erreichen?

## Was sind Ihre Antreiber?

Jeder von uns führt Selbstgespräche. Ich bin sogar davon überzeugt, dass die Anzahl der Gespräche mit uns selbst deutlich höher ist als die Anzahl der Gespräche mit unseren Mitmenschen. Es ist also von großer Wichtigkeit, dass Sie auf die Qualität Ihrer Selbstgespräche achten. Denn damit prägen Sie die Wahrnehmung Ihrer selbst. Und die hat dann wiederum Einfluss auf Ihre Selbstgespräche. Ein Teufelskreis.

## WORAN KÖNNEN SIE ERKENNEN, DASS SIE EIN QUALITATIV GUTES GESPRÄCH MIT SICH SELBST FÜHREN?

**An Ihren Gefühlen. Sind
die positiv, ist das ein gutes Zeichen.**

Aber es ist auch wichtig, dass das Resultat sich gut anfühlt. Da liegt nämlich der Fehler vieler Selbstgespräche: Wir malen uns einen Vorgang in der Zukunft in den schillerndsten Farben aus. In unserer Fantasie führt unser Ja zu einer Aufgabe zu einem glorreichen Glücksmoment.

Der Grund hinter einem Ja ist also die Hoffnung. Doch die wird oft enttäuscht. Denn die Wirklichkeit sieht schnell anders aus. Noch während wir an der Aufgabe sitzen, merken wir, dass uns alles zu viel wird. Dass wir die Aufgabe nicht erfüllen können – und wollen. Dass sich daraus weitere Aufgaben ergeben, die wir noch zusätzlich angehen müssen. Doch das schlechte Gewissen flüstert: „Komm, du musst zeigen, was du draufhast. Immer schön dranbleiben." Oder wir projizieren in den Kopf des anderen die Enttäuschung, die sich unserer Meinung nach bei ihm einstellen wird, wenn wir Nein sagen.

Und so vergeht die eigene Lebenszeit mit etwas, was wir gar nicht wirklich wollen. Stellen Sie sich das vor wie eine Sanduhr: Jedes Körnchen, das nach unten rieselt, ist ein weiteres halbherziges Ja auf dem Haufen unserer abgelaufenen Lebenszeit. Erschreckend, oder?

## Führen Sie liebevolle Selbstgespräche

Wollen Sie wirklich so weitermachen? Nutzen Sie den heutigen Tag und alle weiteren Tage in den kommenden vier Wochen dazu, immer besser zu erkennen, was Sie zu einem vorschnellen Ja verführt. Welche Möhre baumelt vor Ihrer Nase?

Oft sind es aber auch Situationen aus der Vergangenheit, die heute ein verhängnisvolles Ja auslösen: Haben Sie auf Ihr Nein mal eine negative Reaktion erlebt? Und hat sich dies bei Ihnen eingebrannt? Erinnerungen wie diese halten Sie noch in der Angstfalle fest.

Führen Sie daher Ihre Selbstgespräche nicht aus der Angst heraus, dass etwas Schlimmes passieren könnte. Führen Sie sie aus der Liebe zu sich selbst heraus.

Dann hat auch das schlechte Gewissen nicht mehr diese Macht über Sie. Es wird sich zwar noch melden, da es ein konditioniertes Verhalten ist, aber die Selbstliebe ist grundsätzlich stärker – und wird am Ende siegen.

# Ihre Nein-Liste

**Machen Sie es sich bequem und schreiben Sie in den nächsten zehn Minuten auf ein Blatt Papier, wann Ihnen ein Ja mal nicht gutgetan hat. Wann war dieses Ja ein eindeutiges Nein zu Ihnen selbst? Beantworten Sie zu dieser Situation jeweils folgende Fragen:**

•

**Was habe ich mir durch dieses Ja erhofft?
Was hat dieses Nein zu mir bewirkt?**

•

Bitte denken Sie daran, dass es hier nur um die Momente in Ihrem Leben geht, die Ihnen nachweislich nicht gutgetan haben. Ich zum Beispiel habe in der Vergangenheit oft Ja zu etwas gesagt, zu dem ich absolut keine Lust hatte. Weil ich jemandem damit einen Gefallen tun wollte und es mir nicht wehtat. Aber ich habe auch schon mal länger zu einer Beziehung Ja gesagt, als es mir guttat – das war ein klares Nein zu mir selbst. Das war noch zu der Zeit, als ich mich selbst viel zu wenig geliebt habe.

## So freunden Sie sich mit dem Nein an

Wahrscheinlich ist Ihnen durch Ihre Liste bewusst geworden, wie oft Sie schon Nein zu sich selbst gesagt haben. Es ist an der Zeit, das zu ändern. Von jetzt an sagen Sie nicht mehr Nein zu sich, sondern zu anderen. Sie müssen dafür keine Begründung abgeben – auch wenn Sie es gewohnt sind, das zu tun.

Einem Nein folgen in der Regel Erklärungen wie „Ich würde ja gerne, aber ..." oder „Ich muss nämlich noch ...". Je mehr Begründungen Sie geben, desto mehr Möglichkeiten hat Ihr Gegenüber, diese zu widerlegen. Ich kann verstehen, wenn Sie sich noch schwer damit tun, einfach Nein zu sagen, ohne eine Erklärung dafür anzuhängen. Aber versuchen Sie es weiter.

### BEHALTEN SIE IMMER
### DAS HEUTIGE TAGESMOTTO IM KOPF:
➤➤→

#### Nein ist ein ganzer Satz.

Achten Sie heute darauf, welche Gelegenheiten sich ergeben, in denen Sie klar Nein sagen können. Antworten Sie am besten nicht sofort, sondern atmen Sie erst ein paar Mal tief durch. Dann denken Sie an Ihr Tagesmotto. Wenn Sie ganz mutig sind, erbeten Sie sich eine kurze Bedenkzeit, um sich mental auf Ihr Nein einzustimmen.

Es geht nicht darum, ab sofort zu allem und jedem Nein zu sagen. Aber Sie erleichtern sich Ihr Leben ungemein, wenn Sie Dinge, die Ihnen nur Stress und Kummer bereiten, ab sofort immer öfter abblocken. Machen Sie sich die Konsequenzen Ihres Handelns bewusst und fragen Sie sich: Was ist in der Vergangenheit passiert, wenn Sie Ja gesagt haben, obwohl jede Faser Ihres Körpers Nein rief? Wie haben Sie ein Ja durchgedrückt, obwohl innerlich ein klares Nein erklang? Was waren Ihre Hoffnungen?

# Ihre Ja-Liste

**Sie dürfen diesen Tag nun mit etwas sehr Schönem abschließen:
Nehmen Sie ein Blatt Papier und schreiben Sie Ihre
Ja-Liste. Darauf kommt jedes Ja, das Sie heute
zu sich selbst gesagt haben.**

•

**Jedes Ja bringt Sie ein Stückchen näher zu sich selbst.
Jedes Ja lässt Ihre Selbstliebe wachsen.**

•

Es ist nicht schlimm, wenn Sie heute vielleicht nur ein
einziges Ja notieren können. Ein Ja ist mehr als keins.

•

In den nächsten Tagen und Wochen werden Sie häufiger Ja
zu sich sagen, sodass Sie diese Liste immer wieder zur Hand
nehmen können, um ein weiteres Ja hinzuzufügen.
Vielleicht wollen Sie dann auch dazuschreiben, wie Sie sich
in dem Moment gefühlt haben, als Sie Ja zu sich und Nein
zu etwas oder jemandem gesagt haben.

•

Betrachten Sie Ihr Nein als kleines Pflänzchen, das ganz
zaghaft seinen Kopf aus der Erde steckt. Sie sind dafür
verantwortlich, dass niemand darauf herumtrampelt.
Auch Sie selbst nicht. Dieses Pflänzchen darf von Ihnen
regelmäßig aus einer großen Gießkanne gegossen werden.
Und auf der klebt das Schild: „Ja zu mir!"

# So kriegen Sie Ihre Erwartungsangst klein

Ich war früher sehr oft frustriert, schlecht drauf oder extrem sauer. Auf wen? Auf mein Leben und die Menschen darin. Meine Erwartungen waren sehr hoch – und wurden immer wieder enttäuscht.

Wir haben nicht nur Erwartungen an die offensichtlichen Dinge (wie zum Beispiel daran, dass das Licht angeht, wenn wir auf den Schalter drücken), sondern vor allem an die nicht offensichtlichen. Und gerade dadurch machen wir uns das Leben schwer. Wir haben unausgesprochene Erwartungen an unsere Umwelt, die oft nicht erfüllt werden. Das verhagelt uns die Laune. Und lässt uns in die Falle tappen, die wir uns selbst gestellt haben.

„Oh, da bin ich jetzt aber enttäuscht." Wie oft ging Ihnen dieser Satz schon durch den Kopf? Und wie oft haben Sie ihn jemandem an den Kopf geschmettert: „Ich bin enttäuscht von dir." Haben Sie ihn vielleicht auch schon selbst von einem Elternteil, einem Lehrer, Ihrem Chef oder sonst wem hören müssen? Ganz ehrlich: Für mich gibt es nichts Entmutigenderes als diesen Satz.

## Verfolgen Sie ein Ziel, das nicht Ihres ist?

Kinder versuchen schon früh herauszufinden, wie sie den Erwartungen ihrer Eltern gerecht werden können. Nichts erfreut sie mehr als deren Lob. Denn daraus wächst ihr Selbstwertgefühl. Über diese positiven Zuwendungen erfahren sie, wer sie sind: eine Person, die bestimmte Erwartungen erfüllt und dafür gelobt wird. Oder eben auch nicht.

Bei uns zu Hause herrschte das Leistungsprinzip. Weil mein Vater sich aus mangelnder Selbstliebe stets über Leistung definierte, hatte er auch hohe Erwartungen an seine Kinder. Er hätte selbst gerne studiert. Allerdings war ihm das aus finanziellen Gründen nicht möglich. Daher wünschte er sich, dass eines seiner Kinder zur Uni gehen möge. Und die Wahl fiel auf mich.

Ich erinnere mich noch an den Tag, an dem ich mich einschrieb. Mein Vater begleitete mich und erlebte etwas, was ihm selbst immer verwehrt geblieben war. Er war unglaublich glücklich. Aber ich hatte Bauchschmerzen.

Es ist nie ratsam, stellvertretend für andere irgendwelche Ziele zu verfolgen. Das geht meistens schief. So war es auch mit meinem Studium. Nach nur zwei Semestern schmiss ich hin. Ich muss Ihnen wohl nicht beschreiben, wie enttäuscht mein Vater von mir war. Vielleicht kennen Sie Ähnliches aus Ihrer eigenen Lebensgeschichte. Er schaute mich kühl an und machte mir klar, dass er mich in keiner Weise bei der Suche nach der von mir gewünschten Lehrstelle unterstützen würde.

## Ein Luftballon voller Hoffnung

Wir haben jeden Tag den Kopf voller Erwartungen: an unsere Beziehung, unsere Familie, unsere Kinder, unsere Freunde, unsere Kollegen, unsere Chefs, die Politiker – einfach an die ganze Welt. Kein Wunder, dass es da schnell zu Enttäuschungen kommt.

**MEINE ERKENNTNIS**

**Stellen Sie sich die Erwartung, die Sie an eine bestimmte Situation oder Person haben, wie einen Luftballon vor. Je mehr Hoffnung Sie hineinpusten, desto größer wird er. Und desto leichter kann er zerplatzen. Besonders, wenn er auf unberechenbare Gefahren trifft. Doch die gibt es im Leben nun mal häufig: Sie heißen „Mensch" und „plötzliche Ereignisse".**

Je mehr Erwartungen Ihre Eltern oder andere Erziehungsberechtigte an Sie hatten, desto höher schrauben Sie Ihre eigenen. Denn es ist oft schwierig, sich von den Erwartungen der Eltern zu lösen. Die inneren Glaubenssätze sind einfach zu stark – und sie sind geprägt von Versagens- sowie Erwartungsangst. Je größer die Erwartungen sind, desto größer ist die Angst, dass sich diese nicht erfüllen könnten.

Das heutige Tagesmotto erinnert Sie daran, sich mit dem zu beschäftigen, was Sie von Ihrer Umwelt fordern.

### IHR TAGESMOTTO LAUTET:

**Ich reflektiere meine Erwartungen.**

# Was erwarten Sie eigentlich alles?

**Notieren Sie einmal, welche Erwartungen Sie an Ihre Mitmenschen und Ihr Leben haben. Die offensichtlichen werden Ihnen vermutlich schnell einfallen, aber es geht hier vor allem um die verborgenen Erwartungen. Haben Sie ungefiltert Erwartungen Ihrer Eltern übernommen? Geben Sie diese unbewusst an andere weiter?**

•

Oder haben Sie eine Erwartung, die Sie aus Protest entwickelt haben? Sie fordern also quasi das Gegenteil von dem, was Ihre Eltern wollten? Auch wenn Sie meinen, dass Sie sich mit dieser Haltung unabhängig machen, ist genau das Gegenteil der Fall. Sie sind nach wie vor eine abhängige Person, die nur aus Trotz das Gegenteil macht.

•

Es kann sein, dass Sie diese Übung über den Tag verteilt machen müssen, weil Ihnen die zehn Minuten heute Morgen nicht dafür reichen. Tun Sie es, denn diese Liste hilft Ihnen zu erkennen, wie sehr Sie sich womöglich umsonst abstrampeln, weil Ihre Erwartungen an sich und andere zu hoch sind.

•

ICH ERWARTE, DASS …

## Warum Sie schrumpfen, statt zu wachsen

Wir hoffen sehr oft, dass unsere Mitmenschen ihr Leben nach unseren Erwartungen richten. Wir beurteilen die Person, von der wir etwas erwarten, nach unseren Maßstäben, nach unseren Regeln. Genau das führt zu Problemen, denn so laufen wir ständig unseren eigenen Ansprüchen hinterher. Würden sich Eltern vergegenwärtigen, dass ihr Kind auf einer ganz anderen geistigen Ebene unterwegs ist, dann würden sie auch verstehen, warum es eine andere Entscheidung trifft, als sie es erwartet haben.

MEINE
ERKENNTNIS

**Jeder schöpft aus seinem eigenen Schatz an Weisheit. Das dürfen Sie auch mit Blick auf erwachsene Mitmenschen bedenken. Befreien Sie sie von Ihren Erwartungen. Hören Sie auf, darüber Buch zu führen, wer Sie wann und wie enttäuscht hat. Wer Sie belogen oder hintergangen hat. Wo soll das hinführen? Ist es wichtig für Ihre Persönlichkeitsentwicklung? Können Sie daran wachsen? Oder kann es sein, dass Sie dadurch eher schrumpfen?**

Sie brauchen im Übrigen auch nicht zu glauben, dass andere Sie zwangsläufig mögen und anerkennen, nur weil Sie deren Erwartungen gerecht werden. Dafür gibt es keine Garantie. In dem Fall sind Sie auch nicht authentisch, sondern einfach nur jemand, der anderen gefallen möchte. Das schwächt das Selbstbewusstsein und erst recht die Selbstliebe.

# Mehr Liebe, weniger Angst

**Setzen Sie sich bequem hin und schließen Sie die Augen. Denken Sie an eine der Erwartungen, die Sie heute aufgeschrieben haben und die Sie loslassen wollen.**

•

Spüren Sie nun die Angst auf, die Sie mit dieser Erwartung verbinden. Lokalisieren Sie sie in Ihrem Körper. Sitzt sie irgendwo fest, geben Sie ihr sanft einen Stupser. Bewegt sie sich, legen Sie zur Beruhigung Ihre Hand darauf.

•

Jetzt denken Sie an die dazugehörige Erwartung und formulieren diese positiv um. Aus der Erwartung „Ich möchte anerkannt werden" könnte zum Beispiel werden: „Ich erkenne mich selbst immer öfter an." Auch dieser Satz löst in Ihnen ein Gefühl aus, nämlich das der Liebe. Füllen Sie damit Ihre Herzgegend aus.

•

Machen Sie diese Übung jedes Mal, wenn Sie eine sehr hohe Erwartung haben, von der Sie eigentlich wissen, dass sie nicht erfüllbar ist. So reduzieren Sie innere Ängste und verwandeln hochtrabende Erwartungen in realistische Ziele, die Sie auf Dauer glücklicher machen.

*Diese Meditation finden Sie als Hörversion auf meiner Webseite.*

# Drehen Sie Ihren inneren Kritiker leiser

Je kritischer Sie sind, desto weniger Mitgefühl können Sie zeigen. Denn das eine Empfinden schließt das andere aus.

Grundsätzlich ist gegen Kritik nichts zu sagen. Ist sie liebevoll, konstruktiv und respektvoll, kann sie uns eine neue Richtung aufzeigen, die wir allein nie wahrgenommen hätten. Doch leider ist Kritik oft nicht fördernd oder respektvoll, sondern vernichtend, herablassend und kränkend. Und damit meine ich nicht unbedingt die Kritik von außen. Nein, ich meine die Kritik, die wir uns selbst entgegenbringen. Eine Klientin sagte mal zu mir: „Wissen Sie, Frau Fleckenstein, wenn ich allein bin, spricht mein innerer Kritiker voller Hass zu mir. Dann kommt die Selbstbestrafung."

**IHR TAGESMOTTO LAUTET DAHER:**

➤

**Ich begegne mir heute achtsam und respektvoll.**

Je nachdem, wie in Ihrer Familie mit Kritik umgegangen wurde und auf welche Art die Lehrer an Ihrer Schule Sie kritisiert haben, reagieren Sie selbst heute auf Kritik. Sind Sie robust oder empfindlich?

Wichtig ist aber nicht nur, wie Sie mit Kritik umgehen, sondern auch, wie oft Sie kritisieren – sich selbst und andere. Je weniger Sie sich selbst lieben, desto kritischer schauen Sie auf Ihre Umwelt. Je unsicherer Sie sich fühlen, desto schneller deuten Sie die Worte anderer Menschen als persönliche Ablehnung Ihrer Person. Nutzen Sie den heutigen Tag, um Ihren inneren Kritiker zum Schweigen zu bringen. Die Übung auf der nächsten Seite hilft Ihnen dabei.

# Nehmen Sie Ihrem Kritiker den Wind aus den Segeln

**Sollte sich Ihr innerer Kritiker heute ungefragt melden, signalisieren Sie ihm, dass Sie kein Ohr für ihn haben. Sollte er penetrant bleiben, wandeln Sie alles um, was er sagt:**

•

Innerer Kritiker: „Du siehst heute aber wieder elend aus."

•

Sie liebevoll: „Ich sehe aus, wie ich heute aussehe."

•

Innerer Kritiker: „Das bekommst du doch eh wieder nicht hin."

•

Sie achtsam: „Ich bekomme hin, was ich hinbekomme."

•

Innerer Kritiker: „Du bist nicht gut genug."

•

Sie respektvoll: „Ich bin, wie ich bin."

•

Fangen Sie keine Diskussion mit Ihrem inneren Kritiker an. Darin ist er viel geübter als Sie – einfach schon deshalb, weil Sie ihm über längere Zeit zugehört und das Wort überlassen haben. Entweder verbieten Sie ihm ein für alle Mal den Mund oder Sie nehmen ihm mit solchen Antworten langsam, aber stetig den Wind aus den Segeln.

## Die Entwicklung Ihres Selbstbewusstseins

So, wie Sie von den Erwartungen Ihrer Eltern geprägt wurden, so wurden Sie natürlich auch von ihrem Feedback zu Ihrer (schulischen) Leistung, Ihrem Verhalten und Ihrem Auftreten geprägt. Waren diese Rückmeldungen positiv und fördernd, hatten Sie eine gute Chance, ein gesundes Selbstbewusstsein aufzubauen.

War das Feedback eher negativ und demotivierend, so ist die Wahrscheinlichkeit, dass sich dadurch ein mangelndes Selbstwertgefühl entwickeln konnte, relativ groß. Auf diese Weise konnte sich langsam, aber stetig ein Richter in Ihnen entwickeln, der harte und ungnädige Urteile über Sie fällt. Aber Sie haben ja heute angefangen, sich ihm zu widersetzen.

Niemand hat das Recht, schlecht über Sie zu reden. Außer, Sie denken selbst schlecht über sich. Dadurch geben Sie nämlich auch anderen die Erlaubnis, das zu tun.

Aber warum sollten Sie schlecht über sich denken? Was wollen Sie damit erreichen? Solange Sie noch mit zu wenig Liebe auf sich selbst schauen, werden Sie immer einen Fehler finden. Glauben Sie, dass Sie ein Fehler sind?

## Ein simpler Zettel-Trick

Vielleicht leiden Sie an einem zu geringen Selbstwertgefühl, vielleicht klingt Ihnen noch die ein oder andere kritische Stimme aus Ihrer Vergangenheit in den Ohren. Trotzdem sollten Sie anfangen, Ihren eigenen Standpunkt zu beziehen. Hören Sie damit auf, sich bei jeder Kritik die Frage zu stellen, was mit Ihnen wohl nicht stimmt. Vielleicht stimmt ja auch mit Ihrem Gegenüber etwas nicht und es will nur seinen Frust ablassen. Da kommt ihm jemand wie Sie sehr gelegen.

Denken Sie auch an die Erwartungshaltung, die Ihr Gegenüber vielleicht an Sie hat – von der Sie aber nichts ahnen.

Wenn Sie das Gefühl haben, Sie werden ungerecht kritisiert, lassen Sie sich konkrete Gründe nennen. Kann der andere Ihnen kein eindeutiges Beispiel für Ihr angebliches Fehlverhalten geben, dann dürfen Sie die Kritik auch ruhig einmal zurückgeben: Schreiben Sie seine Formulierung auf einen Zettel und schieben Sie diesen mit den Worten „Damit kann ich so nichts anfangen" zurück. So bringen Sie die andere Person dazu, ordentlich Stellung zu beziehen und nicht mit einer unkonkreten Kritik zu argumentieren.

## Wie äußern Sie Ihre Kritik?

Jemanden respektvoll, liebevoll und gut zu kritisieren, darf geübt werden. Denn meist haben wir die Hosen voll, wenn wir ein Kritikgespräch führen müssen. Vor allem, wenn wir wissen, dass die zu kritisierende Person darauf allergisch reagiert.

- Überlegen Sie sich vorher gute Beispiele, die Sie mit genauen Daten und Beispielen untermauern können.
- Achten Sie darauf, ob Sie jemanden nur zurückkritisieren wollen.
- Werden Sie so konkret wie möglich und verzichten Sie auf Verallgemeinerungen wie „immer", „jeder", „nie", „keiner", „alle". Die helfen niemandem weiter.
- Reden Sie in der Ich-Form, schließlich äußern Sie ja Ihre persönliche Kritik, nicht die von jemand anderem. Ansonsten holen Sie die andere Person dazu.
- Wählen Sie die Sandwich-Methode, wenn Sie sich am Anfang noch schwertun. Fangen Sie mit etwas Gutem an, dann kommt die Kritik und zum Schluss wieder etwas Gutes. Da sich die meisten Menschen verbessern möchten, denken sie spätestens nach dem Gespräch über den Mittelteil nach.

- Hören Sie sich die Argumente Ihres Gegenübers ruhig und respektvoll an.
- Bleiben Sie bei Ihrem Standpunkt, auch wenn Ihr Gegenüber mit Ihrer Kritik nicht klarkommt. Sie wollen ja nicht das Piep-piep-piep-wir-haben-uns-alle-lieb-Spiel spielen, sondern jemanden fördern. Das sollte Ihr oberstes Prinzip bei einem Kritikgespräch sein.

## Machen Sie es wie Walt Disney

Ihre heutige Abendübung (siehe nächste Seite) ist an ein Ritual angelehnt, das der große Walt Disney bei der Gestaltung seines Freizeitparks Disneyland angewendet haben soll. Man sagt, er habe sich bei dem Versuch, Probleme zu lösen, nacheinander auf drei Stühle gesetzt. Darauf ließ er nacheinander jeweils den Träumer, den Realisten und den Kritiker in sich zu Wort kommen. Angeblich wanderte er so oft von Stuhl zu Stuhl, bis alle drei sich einigen konnten.

Ach ja: Walt Disney hat diese Übung nicht nur an einem Tag gemacht – und schon war alles in Ordnung. Er wiederholte sie immer dann, wenn der innere Kritiker sich wieder mal meldete.

# Drei Stühle für eine Lösung

**Für diese Übung brauchen Sie drei Stühle,
ein Blatt Papier und einen Stift.**

•

Unterteilen Sie das Blatt Papier in drei Spalten. In die erste
Spalte schreiben Sie „**mein inneres Kind**". In die zweite
Spalte kommt „**mein innerer Kritiker**" und in die
dritte Spalte kommt „**mein liebevolles Selbst**".

•

Stellen Sie die drei Stühle nebeneinander auf und setzen
Sie sich auf den ersten: Er steht für Ihr inneres Kind.
Dieses lassen Sie nun genau sagen, welchen Wunsch
oder welches Ziel es hat. Und warum ihm das so
wichtig ist. Lassen Sie Ihrem inneren Kind Zeit
und schreiben Sie alles auf, was es sagt.

•

Anschließend setzen Sie sich auf den zweiten Stuhl.
Nun nehmen Sie die Position Ihres inneren Kritikers ein.
Er darf seine Kritik an dem vorher Gesagten äußern,
Sie schreiben alles auf. Und? Spüren Sie den Unterschied?
Wie haben Sie sich auf dem Stuhl des inneren Kindes gefühlt?
Und wie fühlen Sie sich nun als Kritiker? Haben sich Ihre Haltung,
Ihre Stimme oder etwas anderes verändert?

Jetzt setzen Sie sich auf den dritten Stuhl und nehmen die Position Ihres liebevollen Selbst ein. Auch wenn Sie meinen, dass es noch zu gering ausgeprägt ist, lassen Sie es zu Wort kommen. Es erhält die längste Zeit, um sich zu äußern. Was sagt es? Bezieht Ihr liebevolles Selbst Stellung zu den Äußerungen der anderen beiden? Notieren Sie auch das.

•

Gehen Sie danach wieder zum ersten Stuhl zurück und lassen Sie Ihr inneres Kind auf das antworten, was es von den anderen gehört hat. Es darf erklären, wie es sich fühlt und was ihm noch fehlt, damit es sein Ziel erreichen kann. Nachdem Sie das wieder aufgeschrieben haben, wechseln Sie wieder zum Kritiker rüber. Antwortet er noch genauso wie vorher? Oder ist er durch die Worte und Anregungen des liebevollen Selbst milder gestimmt worden? Dann lassen Sie Ihr liebevolles Selbst wieder zu Wort kommen.

•

Bei dieser Übung geht es darum, das innere Kind zu Wort kommen zu lassen, das sich wegen einer Situation oder eines Verhaltens in der Vergangenheit schon lange nicht angenommen fühlt. Außerdem können Sie sich mit dieser Übung bewusst machen, wie dominant Ihr innerer Kritiker ist.

•

Sie können diese Übung allein machen.
Aber falls es eine Person Ihres Vertrauens gibt, von der
Sie glauben, dass sie Ihnen unterstützend zur Seite stehen kann,
bitten Sie sie dazu. Nutzen Sie die vollen zehn Minuten
für diese Übung. Wenn Sie danach das Gefühl haben,
Sie wollen weitermachen, weil noch nicht alles geklärt ist,
dürfen Sie das gerne tun. Egal, wie lange Sie diese Übung
machen: Es ist nur wichtig, dass Ihr liebevolles
Selbst am Ende das letzte Wort hat.

Nachdem Sie die Übung beendet haben,
machen Sie sich Notizen über das,
was Ihnen durch diese Übung bewusst geworden ist:

•

## WAS HABEN SIE ERFAHREN UND GELERNT?

•

## WAS FÜHLT SICH FÜR SIE NUN BESSER AN ALS VORHER?

•

## WAS KÖNNEN SIE KONKRET TUN,
## UM DAS ZIEL IHRES INNEREN KINDES ZU ERREICHEN?

# Hören Sie auf mit dem Mit-Leid

Wie oft haben Sie in Ihrem Leben schon Mitleid für jemanden empfunden? Weil seine Lebenssituation so schwierig war oder er einen Verlust erlitten hat? Grundsätzlich ehrt Sie das ja. Aber ich rate Ihnen dennoch vom Mitleid ab – übrigens auch von dem für sich selbst (Selbstmitleid). Denn „mit-leiden" bringt keinem etwas. Weder der betroffenen Person noch Ihnen.

Was Sie stattdessen empfinden können, ist Mitgefühl. Es gibt da nämlich einen wichtigen Unterschied: Sobald Sie Mitleid empfinden, bedauern Sie etwas. Und aus diesem Zustand finden Sie nur sehr schwer wieder heraus, weil Sie dann keinen Abstand halten. Sie identifizieren sich mit der Situation und den Gefühlen. Doch geteiltes Leid ist in diesem Fall kein halbes Leid, sondern doppeltes. Empfinden Sie dagegen Mitgefühl, bleibt ein Sicherheitsabstand. Der gestattet es Ihnen, jemanden effektiv dabei zu unterstützen, Wege aus dem Kummer oder der Trauer herauszufinden. Wenn er das will. Nicht jeder möchte sich nämlich helfen lassen. Manche Menschen versinken lieber im Selbstmitleid. Sie verlieren sich im Schmerz, der sich dadurch nicht auflösen kann. Stattdessen wird er immer und immer wieder mit Mit-Leid übergossen, wodurch er mit der Zeit nur noch größer wird, nicht kleiner.

## Ihr Schmerz ist ein Signal

Fast jeder Mensch erfährt in seinem Leben Schmerz. Der körperliche ist eine Schutzfunktion: Ohne ihn würden wir zum Beispiel auch mit einem gebrochenen Bein noch munter weiterjoggen. Der körperliche Schmerz sagt: „Nimm mich wahr, halte inne und kümmere dich um deine Heilung." Der emotionale Schmerz dagegen signalisiert: „Wach auf, sieh hin. Habe Mitgefühl mit dir. Kümmere dich um deine Emotionen, aber versinke nicht darin."

## LEIDEN IST EINE ENTSCHEIDUNG, DIE SIE FREIWILLIG TREFFEN. ES IST IHRE ANTWORT AUF DIE FRAGE: „WARUM PASSIERT (MIR) DAS GERADE?"

Sie leiden, weil Sie sich auf das fokussieren, was Sie nicht wahrhaben wollen. Sie kommen in Ihrem Leben aber nicht vorwärts, solange Sie sich durchs Selbstmitleid abbremsen. Erst wenn Sie den Schmerz annehmen und sich von ihm zeigen lassen, um was es gerade in Ihrem Leben geht, können Sie sich aus der Situation herausbewegen.

Vor einigen Jahren verhielt ich mich meinem damaligen Partner gegenüber sehr ungerecht. Ich war so biestig, dass es mich selbst total erschreckte. Ich beschloss, mein Verhalten nachträglich zu reflektieren, damit so etwas nicht wieder vorkommt.

Ich fing an, meine Familiengeschichte zu beleuchten. Wie ich aufgewachsen bin, welche Glaubenssätze ich entwickelt hatte und woran es mir mangelte. In dieser Phase meines Lebens spürte ich einen großen Schmerz in mir und ich erkannte, dass er schon lange in mir schlummerte. Ich hatte ihn zwar sehr gut verdrängt, doch das brachte nichts. Im Gegenteil: Gerade dieses Verdrängen hatte zu meinem unverhältnismäßig starken Gefühlsausbruch geführt.

Daraufhin hieß ich meinen Schmerz willkommen. Ich spürte in ihn hinein und nahm völlig überrascht wahr, dass er sich freundlich anfühlte. Überhaupt nicht so schwer, kalt und unheimlich, wie ich geglaubt hatte. Ich fragte ihn, warum das so ist, und er antwortete: „Ich bin freundlich, liebe Kim, weil ich dir etwas Wichtiges mitteilen will. Selbst wenn du durch mich zu einer Erkenntnis kommst, die dir im ersten Moment wehtun mag, so wird sie dich auf einen neuen und für dich besseren Weg bringen. Meine Aufgabe ist es, dich auf etwas hinzuweisen, damit du etwas Wichtiges für dich und deine Lebensaufgabe erkennen kannst. Danach kann ich wieder gehen. Du glaubst, dass ich an dir festhalte, dabei krallst du dich an mir fest. Wache durch mich auf, ändere etwas und dann lass mich los."

Einen Tag später machte ich eine 30-minütige Meditation, in der ich den Schmerz endlich losließ. Ich habe in dieser Meditation viel geweint und fühlte mich nachher wie gereinigt. Ich riss auf diese Weise eine große Blockade ein, die mir viele Jahre lang den Weg versperrt hatte. Anscheinend wollte ich lange Zeit lieber leiden, anstatt mir meinen Schmerz anzuschauen.

### IHR HEUTIGES TAGESMOTTO LAUTET DAHER:

### Ich lasse los.

Dieser Satz kann Sie bei der folgenden Übung unterstützen.

# Worunter leiden Sie?

Nehmen Sie sich Papier und Stift und schreiben Sie auf, worunter Sie noch freiwillig leiden. Wann vergehen Sie in Selbstmitleid? Wo verdrängen Sie Ihren Schmerz? Welche Geschehnisse in Ihrer Vergangenheit sollten Sie sich endlich einmal anschauen, damit Sie von Schmerz und Selbstmitleid loslassen können?

•

Schmerzen zu ersticken, gelingt uns manchmal nur durch ein Suchtmittel. Kann es sein, dass Sie zum Beispiel mehr Alkohol trinken als früher? Was würden Sie sagen, wenn ich Ihnen sage, dass Sie sich mithilfe des Alkohols selbst bemitleiden? Dass Sie sich durch Ihr Suchtverhalten noch mehr Leid zufügen, anstatt es zu minimieren?

•

**TRAUEN SIE SICH UND SCHREIBEN SIE ENDLICH ALLES AUF.**

➤➤➤

**Dann können Sie mit der Heilung beginnen.**

## Ein wichtiger Puffer

Den Unterschied zwischen Mitleid und Mitgefühl kennen Sie nun. Jetzt erkläre ich Ihnen noch den zwischen Selbstmitleid und Selbstmitgefühl: Denken Sie einmal daran, wie oft Sie sich von Ihrem inneren Kritiker beschimpfen lassen. Würde ein Freund das mit Ihnen machen, hätten Sie ihn vermutlich längst in die Wüste geschickt. Denn Worte können sehr wehtun, sobald wir ihnen Glauben schenken. Solange Sie noch daran glauben, dass Sie nicht in Ordnung sind, so wie Sie sind, hängen Sie im Selbstmitleid fest.

Entwickeln Sie dagegen Selbstmitgefühl, so erkennen Sie, aus welcher Emotion heraus Sie in bestimmten Situationen gehandelt haben. Aus dieser empathischen Haltung heraus können Sie sich selbst besser analysieren – und ab sofort anders (re)agieren. Ihr Selbstmitgefühl ist der Puffer zwischen Ihrem inneren Kritiker und Ihrem Selbstmitleid.

Aber Ihr bisheriges Selbstmitleid war nicht umsonst, Sie können noch etwas Gutes daraus schöpfen: Sie wissen dadurch, wie sich Leid anfühlt, und können so eine Verbundenheit zu Ihren Mitmenschen aufbauen. Sie können sich somit davor hüten, jemand anderem Leid zuzufügen. Viele Menschen meinen, ihre Schmerzen auf andere übertragen zu müssen, damit sie nicht allein dastehen. Aber wie Sie ja bereits gelesen haben, verdoppelt sich auf diese Weise das Leid nur.

# Stärken Sie Ihr Selbstmitgefühl

**Gehen Sie die nächsten zehn Minuten in sich und verwandeln Sie schriftlich alle selbstmitleidigen Sätze, die Sie sich bisher gesagt haben, in Statements voller Mitgefühl.**

•

Hier zwei Beispiele:

**Alt:** Das werde ich nie schaffen.
**Neu:** Die Situation/Aufgabe ist ganz schön herausfordernd und ich weiß noch nicht, wie ich sie am besten meistern soll. Aber ich kann sie hervorragend nutzen, um neue Lösungswege zu finden. Wenn ich gar nicht weiterkomme, hole ich mir Hilfe.

•

**Alt:** Ich bin ein Versager.
**Neu:** Ich weiß, dass in meinem Leben einiges schiefgelaufen ist, aber ich habe nicht auf der ganzen Linie versagt. Es gibt einige Momente in meinem Leben, auf die ich stolz sein kann. Ich reflektiere nun einmal bewusst, was mir bisher nicht gelungen ist, damit ich es von jetzt an anders und besser machen kann.

•

Sie werden sehen: Sobald Sie anfangen, demotivierende Sätze in aufbauende umzuwandeln, und diese so oft wie möglich wiederholen, wird sich Ihr Leben wandeln.

# Wie Ihre Familiengeschichte Sie heute noch beeinflusst

Ich stelle Ihnen gleich eine Frage. Lesen Sie diese, legen Sie dann das Buch kurz zur Seite, schließen Sie Ihre Augen und lauschen Sie auf die spontane Antwort, die Ihr Unterbewusstsein ausspuckt. Die Frage lautet: Wie war die Grundstimmung in Ihrer Familie? Sollten Sie in einem Heim oder dergleichen großgeworden sein, so denken Sie bitte an die dortige Grundstimmung.

Was kam als Antwort? Es ist ein großer Unterschied, ob Sie in einer Familie aufgewachsen sind, in der viel gelacht wurde und in der das Klima von Lebensfreude, Zuspruch und Unterstützung geprägt war. Oder ob Ängste, Depressionen und ständige Spannungen die Atmosphäre negativ beeinflussten.

Ich habe viele Klienten, die noch als Erwachsene von der Stimmung ihrer Kindertage geprägt sind. Zum Beispiel Birgit, deren Vater chronisch krank war und den Familienalltag mit seiner jähzornigen Art dominierte. Wichtig war, dass sich alle um ihn kümmerten, der Rest war Nebensache. Birgit lernte dadurch nie, Nein zu sagen. Sie musste nach der Schule schnell ihre Hausaufgaben erledigen und dann zu Hause mithelfen. Ihr Leitsatz lautete: Nimm dich bloß nicht zu wichtig.

Dann ist da noch meine Klientin Laura, der es an Selbstvertrauen mangelt. Als Mädchen wurde sie immer wieder Zeugin von Untreue und Betrug, sowohl bei ihren Eltern als auch bei ihren Großeltern. Später versuchte sie, den Traum ihrer Mutter zu leben und sie durch ihren Lebensweg glücklich zu machen. Es mangelt ihr an Vertrauen in ihre eigenen Wünsche und Ziele. Daher mangelt es ihr auch an Glück und Zufriedenheit.

Wenn ich an die Grundstimmung in meiner Familie denke, lautet meine Antwort: Wir richteten uns alle immer nach der Laune meines Vaters. Zum Beispiel stand auf der Anrichte in unserer Diele eine Schale, in die er immer seine Schlüssel legte, wenn er nach Hause kam. Wir konnten schon an der Art und Weise, wie er das tat, erkennen, ob er gut drauf war oder nicht. Machte er dazu noch ein bestimmtes Atemgeräusch, konnten wir uns ganz sicher sein, dass die Zeichen auf Sturm standen. Ein ätzendes Gefühl.

## Gehen Sie an die Quelle Ihrer schlechten Laune

Lange Zeit ließ ich mich von dieser Grundstimmung negativ beeinflussen. Ich mied Situationen und Orte, deren Atmosphäre mich an mein Zuhause erinnerte. Und ich hatte viele Jahre lang selbst schlechte Laune, die ich schonungslos mit meiner Umwelt teilte. Doch schließlich fand ich heraus, dass dieses Dauertief aus einem Zustand der Unzufriedenheit heraus entstanden war. Ich musste mich also dringend um meinen inneren Frieden kümmern.

Eine Familienaufstellung half mir dabei. Durch sie gelang es mir, das Verhalten meines Vaters zu verstehen. Ich konnte während der Aufstellung seine eigene Unzufriedenheit darüber spüren, selbst nicht studiert zu haben. Aber vor allem spürte ich die Trauer des kleinen Jungen in ihm, der seinen Vater viel zu früh verloren hatte. Und dem dadurch auch eine Menge Liebe entgangen war. Ich erkannte, dass ich etwas von meinem Vater forderte, das er mir gar nicht geben konnte. Ihm ging es immer nur um Leistung, um ein einwandfreies Verhalten. Da ich aber nicht perfekt bin (wer ist das überhaupt?), bekam ich bei jedem fehlerhaften Verhalten seine emotionale Verweigerung zu spüren. Die einzige Lösung: Ich musste von all der Traurigkeit und dem Groll loslassen, den ich meinen Eltern gegenüber hegte. Erst als ich damit anfing, konnte ich mich endlich um meine Selbstliebe kümmern.

## Verzeihen heißt verstehen

Empfehle ich heute meinen Klienten, dass sie einem Elternteil oder beiden verzeihen sollen, so stößt das zu Anfang nicht gerade auf Begeisterung. Das verletzte innere Kind sagt aus Unverständnis, Wut oder Ärger erst einmal Nein. Schließlich ist die Angst groß, durch so ein Verhalten wieder das Opfer von Ablehnung, Verurteilungen oder sogar sexuellem Missbrauch zu werden.

Aber nur, weil Sie einem Familienmitglied ein bestimmtes Verhalten verzeihen, heißt das noch lange nicht, dass Sie sich auch heute noch so behandeln lassen müssen. Wenn Sie anfangen zu verstehen, in welchem Drama sich die betroffene Person selbst befindet, können Sie anfangen zu verzeihen. Ihr Mitleid für sich selbst geht in Mitgefühl über – und Sie distanzieren sich emotional.

Bitte erwarten Sie nicht (oder hoffen Sie nicht heimlich darauf), dass sich ein Familienmitglied für Sie verändert, geschweige denn, dass Sie einen Erwachsenen neu erziehen können – vor allem, da Sie das Kind Ihrer Eltern sind und es immer bleiben werden. Außerdem ist das auch gar nicht Ihre Aufgabe. Ihre Aufgabe ist es wahrzunehmen, wer Sie sind und woher die Wahrnehmung kommt. Um sich dann bewusst zu machen, wer Sie von jetzt an sein möchten und wer nicht mehr. Denn je besser Sie das wissen, desto größer sind Ihre Chancen, sich in diese Person zu verwandeln.

### IHR HEUTIGES TAGESMOTTO LAUTET:

⟫⟫➡

### Ich schließe Frieden mit meiner Vergangenheit.

# Wer sind Sie?

**Schreiben Sie in den nächsten zehn Minuten auf, wer Sie sind. Verzichten Sie dabei auf Beruf, Alter oder ähnlich offensichtliche Infos. Fühlen Sie in sich: Wer sind Sie als Persönlichkeit?**

•

Es kann sein, dass Sie Sätze aufschreiben wie „Ich bin humorvoll", „Ich bin ein Mensch mit vielen unterschiedlichen Gefühlen" oder einfach „Ich bin ich".

•

Sie können aber auch notieren, was Sie in den vergangenen Tagen mithilfe dieses Buchs über sich selbst erfahren haben. Vielleicht steht dann da: „Ich bin traurig, weil ich mich bisher so wenig um mich gekümmert habe." Denn auch das sind Sie – momentan. Ein Satz wie dieser kann Ihnen dabei helfen, sich von Vergangenem (wie der Grundstimmung in Ihrer Familie) nicht mehr beeinflussen zu lassen.

•

Sie können daher auch einen Satz formulieren wie diesen: „Ich bin von heute an bereit, mein wahres Ich zu entdecken und zu lieben." Der motiviert Sie dazu, sich auf eine wunderbare Reise zu begeben. Und vielleicht lautet dann der letzte Satz bei dieser Übung: „Ich bin glücklich, weil ich bin."

•

Sollten Ihnen im Laufe des Tages weitere Sätze einfallen, schreiben Sie diese auch noch auf. Je genauer Sie herausfinden, wer Sie sind, desto besser können Sie entscheiden, wer Sie nicht mehr sein wollen – und wer stattdessen.

## Warum ständiges Vergleichen schaden kann

Wie oft am Tag oder in der Woche vergleichen Sie sich mit Ihren Mitmenschen? Mit Freunden oder Fremden? Fallen Ihnen bei diesen Vergleichen auch Dinge auf, die Sie besser machen als die anderen? Lassen Sie mich raten: Nein. Und lassen Sie mich auch noch raten, wie es Ihnen nach dieser Vergleicherei geht, nämlich schlecht. Richtig?

### ICH VERRATE IHNEN NUN EIN GEHEIMNIS:

Sie sind nicht auf dieser Welt, um sich zu vergleichen.
Sie sind hier, um sich zu entfalten.
Um sich so zu lieben, wie Sie sind.

Ein Vergleich mit anderen bringt Sie nicht weiter. Denn entweder vergleichen Sie sich mit denen, die weniger haben als Sie, und dann denken Sie: „Ach, was bin ich froh, dass es mir nicht so geht, ich nicht so aussehe oder nicht so wohnen muss." Im ersten Moment klingt das, als wollten Sie sich bewusst machen, wie gut es Ihnen geht. Aber damit stellen Sie sich im nächsten Moment über die, die weniger haben als Sie.

Oder Sie vergleichen sich mit denen, die mehr haben als Sie. Dann spüren Sie ein Mangelgefühl. Denn etwas nicht zu können oder nicht zu haben, ist ein großes Problem. Es gibt Menschen, die lassen sich davon anspornen: Sie wollen auch so erfolgreich, schön, schlank und vermögend sein. Doch leider richten sich diese Menschen, sobald sie ihr Ziel erreicht haben, schon wieder danach aus, was noch erfolgreichere, schönere, schlankere und vermögendere Menschen haben. Ein permanentes Streben nach mehr ...

## Schaufeln Sie den Graben zu

Die meisten Menschen, die sich vergleichen, sind innerlich davon überzeugt, dass sie nicht gut genug sind und nicht das schaffen können, was andere geschafft haben. Mein Klient Bernd etwa sagte mir zu Anfang seiner Therapiesitzungen, dass sein Leben nicht so läuft, wie er es gerne hätte. Und zwar in allen Bereichen. Wenn er sich umschaue, sehe er, dass alle anderen genau das haben, was er so gerne hätte. Dabei ließ er völlig außer Acht, dass auch diese Menschen ihre eigenen Probleme mit sich herumtragen.

Die falschen Annahmen, mit denen Sie Vergleiche ziehen, können Sie daran hindern, Ihre eigenen Wünsche oder Ziele zu entwickeln und zu verfolgen. Je negativer Ihre Wahrnehmung über sich selbst ist, desto größer ist der Graben, den Sie zwischen sich und den anderen empfinden. Dieser Graben erscheint Ihnen schließlich so riesig, dass Sie sich in Ihrer Aktivität wie gelähmt fühlen. Dabei ist er erstens gar nicht so breit, wie Sie meinen, und zweitens geht es nicht darum, auf den Unterschied zu schauen.

## Stellen Sie sich auf ein Podest

Normalerweise stellen Sie immer andere auf ein Podest. Machen Sie das doch auch mal mit sich selbst: Bauen Sie sich ein imaginäres Podest und stellen Sie sich vor, wie Sie darauf mit einem Siegerlächeln posieren.

Sie glauben, dass andere so erfolgreich sind, weil sie eine bestimmte Position innehaben oder über hohe finanzielle Mittel verfügen? Das stimmt so nicht. Die wenigsten Menschen auf dieser Erde werden mit einem vollen Bankkonto und einer Krone auf dem Kopf geboren. Große Erfolge werden von Menschen erzielt, die an ihren Erfolg glauben und ihn sich bildlich vorstellen können.

Glauben Sie an sich und Ihre Möglichkeiten. Dann können Sie auch sehen, wer Sie sein könnten. Solange Sie sich noch ein Traumschloss bauen, aber nicht an dessen Verwirklichung glauben, löst es sich nach einiger Zeit wieder in Luft auf.

## Verändern Sie Ihren Fokus

Meiden Sie den Kontakt zu anderen, weil Ihr Selbstwertgefühl zu gering ist? Machen Sie andere schlecht, um so über Ihr zu geringes Selbstwertgefühl hinwegzutäuschen? Es kann sein, dass Sie damit sogar Erfolg haben, dass Sie nach außen hin besser und selbstbewusster wirken, als Sie es in Wirklichkeit sind. Aber tief in Ihrem Inneren kennen Sie den wahren Grund für Ihre Lästerattacken.

Um über dieses Defizit hinwegzukommen, müssen Sie Ihren Fokus verändern. Hören Sie auf, andere auf einen Thron zu setzen oder sie schlecht zu machen. Wenn Sie glauben, Sie können so Ihr Selbstwertgefühl steigern, täuschen Sie sich. Das funktioniert nur, wenn Sie sich auf sich selbst konzentrieren.

> **Schauen Sie auf das, was Sie bereits können. Wo Sie sich schon als „gut genug" empfinden. Und dann gucken Sie sich die Bereiche an, die Sie verändern und verbessern wollen. Zuletzt können Sie noch nach Vorbildern Ausschau halten. Lassen Sie sich inspirieren, aber hören Sie auf, einen Vergleich zu ziehen, der Sie runterzieht.**

KLEINE
AUFGABE

Machen Sie sich bewusst, dass es nicht darum geht, sich mit anderen zu vergleichen. Es geht um die Ideen, die jeder Einzelne hat. Es gilt, diese real werden zu lassen, Verantwortung für sie zu übernehmen und sie auf die Welt zu bringen. Wenn Sie sich darum kümmern, haben Sie keine Zeit mehr dafür, ständig auf andere zu schauen. Kommen Sie raus aus dem Stillstand und rein ins Handeln.

# So wert-voll sind Sie

**Machen Sie sich heute Gedanken darüber, wie sich Ihr Leben weiterentwickeln soll. Stellen Sie sich die Frage, was Ihnen alles wichtig ist, und beginnen Sie dann jeden Satz mit:**

### ICH BIN ES WERT, DASS …

•

Ihr Selbstwertgefühl beruht auf diesen Sätzen. Hören Sie auf, an all das zu denken, was Sie angeblich nicht wert sind. Machen Sie sich bewusst, was Sie wert sind. Und Sie sind ALLES wert. Es gibt nur einen Ort, an dem diesbezüglich noch ein Mangel besteht – und das ist in Ihrem Kopf. Aber Ihr Verstand kann Ihnen nicht verbieten, alles aufzuschreiben, was Sie wert sind. Denn es geht jetzt überhaupt noch nicht um die Umsetzung. Es geht erst einmal darum zuzulassen, was nach „Ich bin es wert, dass …" kommt.

•

Machen Sie sich allein oder mit einer Person Ihres Vertrauens Gedanken darüber, was Sie von jetzt an besser machen können, um die wertvollen Ziele, die Sie aufgeschrieben haben, auch zu erreichen. Wie könnte Ihr erster Schritt in der nächsten Woche aussehen?

•

Seien Sie nicht verwundert, wenn sich ein mulmiges Gefühl in Ihnen meldet. Sobald wir unsere Komfortzone verlassen, zeigt sich unsere Angst. Das ist prinzipiell nichts Schlechtes. Unsere Angst lässt uns eine Sache noch einmal gründlich überdenken. Aber sie darf nicht zum grundsätzlichen Verhinderer werden.

# Ziehen Sie Ihr Fazit für diese Woche

Sieben Tage lang haben Sie sich nun damit beschäftigt, sich anders und vielleicht auch ganz neu wahrzunehmen. Sie haben Ihre Vergangenheit reflektiert und Ihre Gegenwart näher betrachtet. Konnten Sie dadurch eine neue Perspektive gewinnen? Vielleicht treten Sie Ihrer Vergangenheit nun mit mehr Verständnis und Milde gegenüber. Haben mehr Selbstmitgefühl in der Gegenwart. Und eine Zukunft vor sich, die weniger vom inneren Kritiker geprägt ist.

## Was wäre, wenn ...?

Ich biete Ihnen nun sechs Was-wäre-wenn-Fragen an, die Sie für sich nutzen können, um sich sowohl bildlich als auch gefühlsmäßig vorzustellen, wohin Ihre Lebensreise von jetzt an gehen kann:

- Was wäre, wenn ich meine Versprechen mir gegenüber einhalten würde?
- Was wäre, wenn ich mich hundertprozentig so bejahen würde, wie ich bin?
- Was wäre, wenn ich meine Ängste öfter durch Liebe ersetzen würde?
- Was wäre, wenn ich liebevoller mit mir sprechen würde?
- Was wäre, wenn ich mich immer öfter in Selbstmitgefühl üben würde?
- Was wäre, wenn ich mich von Vergleichen befreien würde?

Stellen Sie sich vor, Sie würden jeden dieser Sätze umsetzen und in den nächsten Wochen nichts anderes tun, als immer mehr an ihrer Realisierung zu arbeiten. Welches Leben würden Sie führen? Wie viel besser würde es Ihnen körperlich, geistig und seelisch gehen?

## Schaffen Sie sich ganz bewusst eine neue Realität

Je aufmerksamer Sie den Tag (er)leben, umso genauer wissen Sie, was Sie von jetzt an wollen – und was nicht mehr. Nur wenn Sie sich dessen bewusst sind, können Sie die richtigen Korrekturen vornehmen. Jeder Tag ist ein neuer Tag. Das ist kein Kalenderspruch, sondern eine Tatsache. Der Tag von gestern ist passé, der morgige noch gar nicht geschehen. Und morgen wird der heutige Tag der gestrige sein. Bestimmen Sie also heute ganz bewusst, auf welches Gestern Sie morgen zurückschauen wollen.

Ich habe heute gleich zwei Tagesmottos für Sie: Das erste dient dazu, sich noch genauer als gestern zu verdeutlichen, was Sie sich von jetzt an wert sind.

### IHR ERSTES TAGESMOTTO LAUTET:

**Ich bin es mir wert.**

Das zweite dreht sich um die Dinge und Gedanken, von denen Sie sich verabschieden wollen. Seien Sie es sich wert, dass Sie von jetzt an den Bedürfnissen nachkommen, die Sie in dieser Woche wahrgenommen haben und im weiteren Verlauf der Lektüre dieses Buchs noch wahrnehmen werden.

### DAS ZWEITE TAGESMOTTO LAUTET:

**Sagen Sie zu Dingen, die Ihnen nicht guttun:
Dafür stelle ich mich nicht mehr zur Verfügung.**

Natürlich können Sie sich aus diesen zwei Vorgaben auch jeweils ein anderes Motto gestalten. Eines, von dem Sie sagen, dass es genau Ihre Stimmung widerspiegelt.

## Das wahre Ich erwacht durch Achtsamkeit

Es mag sein, dass Sie sich in dieser Woche über einige Erkenntnisse erschrocken haben. Dass Sie traurig oder wütend geworden sind – auf andere Menschen, aber vor allem auf sich selbst. Das mag im ersten Moment wehtun. Aber im zweiten oder dritten Augenblick können Sie dankbar dafür sein, dass Sie sich nun viel besser kennen.

**Nutzen Sie die heutige Übung dazu, sich in Achtsamkeit zu üben. Spüren Sie in Ihren Körper hinein. Wenn Sie möchten, dass er gesund bleibt oder werden soll, dürfen Sie ihn dankbar wertschätzen und liebevoll behandeln. In dem Moment, in dem Sie bewusst das Zusammenspiel von Körper, Geist und Seele spüren, sagen Sie ein freudiges Ja zu sich. Sie hören auf, sich für die Anerkennung anderer zu verbiegen, und erwecken Ihr wahres Ich zum Leben.**

AUF EINEN BLICK

Je achtsamer Sie sind, desto mehr fallen Ihnen beurteilende Gedanken auf. Sie registrieren eine Erwartungshaltung, mit der Sie sich über kurz oder lang selbst enttäuschen werden. Sie überprüfen die Qualität Ihrer Selbstgespräche dahingehend, ob Sie sich danach gut oder weniger gut fühlen. Denn so, wie Sie mit sich reden, fühlen Sie sich auch. Sie achten auf Ihre Gefühle und bringen diese wieder bejahender zum Ausdruck. Sie entdecken, wann Ihr Körper Ihnen signalisiert, dass es an der Zeit ist, eine wohltuende Pause vom Alltag einzulegen.

Je achtsamer Sie sind, desto schneller können Sie zu etwas Nein sagen. Es fällt Ihnen leichter, klar und respektvoll Stopp zu sagen. Je bewusster Sie sich selbst wahrnehmen, desto mehr fangen Sie an, sich zu lieben. Sie können durch Ihre eigene Selbstwahrnehmung eine neue Identität aufspüren und diese dann mit großer Freude entfalten. Was wäre, wenn Sie das von jetzt an tun würden?

# Nehmen Sie sich bewusst wahr

**Machen Sie es sich bequem und achten Sie darauf,
dass Sie in den nächsten zehn Minuten nicht gestört werden.**

•

Schließen Sie die Augen. Spüren Sie, wie Ihr Körper mit der Fläche
des Sitzes oder des Bodens Kontakt hat. Wie fühlt sich das an? Und
wie fühlt sich Ihr Köper generell momentan an? Fühlt er sich leicht an
oder eher schwer? Nehmen Sie es wahr, ohne es verändern zu wollen.

•

Heißen Sie Ihren Körper willkommen. Vielleicht möchten Sie
ihm dafür danken, was er täglich alles für Sie tut, und dafür,
was er in Zukunft noch alles für Sie tun wird.
Vielleicht möchten Sie sich bei ihm aber auch entschuldigen.

•

Machen Sie sich die Bewegung Ihres Atems bewusst.
Spüren Sie einige Augenblicke, wie er kommt und geht.

•

Genießen Sie einige Momente,
das Beobachten und Verändern Ihres Atems.

•

Fragen Sie sich: „Wie fühle ich mich gerade? Wie geht es mir im
Hier und Jetzt?" Bejahen Sie den Augenblick. Bejahen Sie sich selbst.
Nehmen Sie sich einfach wahr.

•

Kommen Sie nach Ablauf dieser Achtsamkeitsübung
langsam wieder ins Hier und Jetzt zurück.

*Diese Meditation finden Sie als Hörversion auf meiner Webseite.*

# 2

## Akzeptanz

Lernen Sie, Dinge gelassen
hinzunehmen

In dieser Woche beschäftigen Sie
sich mit Ihren Gefühlen, Ihrem Verhalten
und all den Denkmustern, die es Ihnen
bisher noch schwer gemacht haben,
einfach loszulassen. Denn solange Sie
etwas nicht akzeptieren wollen,
tragen Sie es als Last mit sich herum –
und so lange bleibt es für Sie schwierig,
den richtigen Weg für sich zu finden.

# Welche Denkmuster stören Ihr Glück?

Viel zu viele Menschen machen ihr Lebensglück vom Objekt ihrer Liebe abhängig. Sie brauchen die Liebe eines anderen, um zufrieden zu sein. Fällt sie aus irgendeinem Grund weg, sind sie am Boden zerstört.

Liebe ist wichtig für unser Glück, aber vor allem die Selbstliebe. Stellen Sie sich vor, dass Sie sich nach diesen vier Wochen weitaus mehr lieben als noch zuvor: Welch ein zufriedener Mensch klappt dann am Ende dieses Buch zu.

**Nur Sie selbst wissen, unter welchen Umständen Sie glücklich oder unglücklich sind. In dieser Woche geht es darum, dass Sie erkennen, welche Gedanken und Gefühle Ihre Selbstliebe – und damit Ihr Lebensglück – noch blockieren. Sie müssen diese Gedanken und Gefühle zunächst annehmen und dann loslassen. Solange Sie sich weigern zu akzeptieren, dass Ihr Leben nicht so verläuft, wie Sie es sich vorstellen, solange Sie damit hadern und neidisch auf andere schielen, können Sie nicht die gewünschte Veränderung erzielen. Wenn Sie wegschauen, wachsen Ihre Probleme.**

AUF EINEN BLICK

Jeder Mensch wird in seinem Leben mit Situationen und Tatsachen konfrontiert, die er nicht beeinflussen kann. Nur zu gerne würden wir diese nach unseren Wünschen kontrollieren, doch das ist ein Zeichen von Angst. In solchen Momenten ist es am klügsten, die Lage zu akzeptieren und den Kontrollwunsch auf die eigenen Gefühle und Gedanken zu richten. Denn die lassen sich auf jeden Fall verändern.

Um eine neue Richtung einzuschlagen, müssen Sie sich jedoch erst einmal so annehmen, wie Sie sind. Das nennt sich Selbstakzeptanz. Wenn Sie sich weiterhin etwas vor- und Ihr Lebensglück von anderen abhängig machen, werden Sie öfter unglücklich sein, als Ihnen lieb ist. Das Leben besteht nicht nur aus Friede, Freude, Eierkuchen, sondern aus ernsthaften Problemen und großen Herausforderungen. Solange Sie sich diesen verweigern, kleben sie unverarbeitet in Ihrem Kopf fest. Sie wachsen und gedeihen mit jedem Tag des Wegschauens.

## Unsere Angst vorm Ungewissen

Warum fällt es uns trotzdem so schwer, uns zu verändern? Weil wir keine Ahnung haben, was uns nach einer Veränderung erwartet. Wir nehmen eher nicht an, dass unser Leben besser wird. Stattdessen malen wir uns aus, dass etwas Furchtbares passieren wird. Und daher belassen wir lieber alles, wie es ist, und nehmen gewohnte Unannehmlichkeiten in Kauf. Auch wenn sie uns offensichtlich schaden.

Gerade in dieser Hinsicht ist Loslassen-Können eine sehr wichtige Fähigkeit. Je öfter Sie sich darin üben, desto leichter fällt es Ihnen, sich von Personen oder Situationen zu lösen, die Ihnen nicht mehr guttun. Dadurch erkennen Sie auch immer besser, welche Denkmuster Sie noch auf Ihrem Weg zur Selbstliebe behindern. Sie entdecken, dass es nicht bestimmte Personen, Gegenstände oder Umstände sind, die Sie ärgern, sondern Ihr Urteil darüber. Ihr Urteil lässt Sie wütend, genervt, gestresst oder ängstlich werden.

Um davon loslassen zu können, müssen Sie zwei Gewohnheiten ausschalten: die Anhaftung und die Abneigung. Beim Anhaften krallen Sie sich gedanklich und gefühlsmäßig an etwas fest. Sie wollen nicht akzeptieren, dass Sie es verloren haben oder nicht bekommen können. Bei der Abneigung stoßen Sie etwas von sich. Sie halten somit an Ihrer eigenen Feindseligkeit fest. Und genau das macht es oft nur noch schlimmer.

## Gehen Sie die größte Herausforderung an

Die größte Herausforderung, der Sie in Ihrem Leben gegenüberstehen, ist die, zu lieben und geliebt zu werden. Und diese Aufgabe erfüllen Sie am besten, indem Sie bei sich selbst beginnen. Jetzt. Hier. Heute.

**SAGEN SIE IN DIESEM MOMENT JA ZU ALL DEM, WAS IST. SAGEN SIE JA DAZU, WER SIE SIND UND WIE SIE SIND.**

Freuen Sie sich auf eine zweite Woche voller Erkenntnisse über Ihr Leben. Erfreuen Sie sich daran, dass Sie nun anfangen, ein neues Ich in sich zu entdecken. Weil Sie Ihr altes akzeptiert haben.

# Nehmen Sie sich so an, wie Sie sind

Heute dürfen Sie sich mal richtig aufregen. Über eine oder mehrere Personen. Über sich selbst. Oder über eine bestimmte Situation. Dafür müssen Sie niemanden persönlich angreifen oder provozieren. Sie können es für sich im stillen Kämmerlein tun. Sie holen alles, was Sie aufregt, nervt und wütend werden lässt, aus sich heraus und bringen es zu Papier.

Vielleicht gehören Sie ja zu denjenigen Menschen, die noch nie wirklich wütend waren oder ihre Verärgerung noch nie richtig zum Ausdruck gebracht haben. Das bedeutet aber nicht, dass keine Wut in Ihnen steckt. Denn die hat jeder. Leider aber ist es gesellschaftlich verpönt, seine Gefühle offen zur Schau zu stellen – vor allem, wenn es sich dabei um Angst oder Zorn handelt.

Manche Menschen wurden dazu erzogen, jeglichen Unmut für sich zu behalten. In ihnen schlummern jede Menge Aggressionen, die sie aus Furcht vor Ablehnung unterdrücken. Diese Menschen fühlen sich gehemmt und haben gerade in Partnerschaften große Probleme, über ihre wahren Gefühle zu sprechen. Sie machen lieber alles stumm mit sich selbst aus. Ihre Wut machen sie dafür an anderer Stelle Luft, zum Beispiel indem sie Auseinandersetzungen provozieren, einen ungesunden Lebenswandel führen oder eine Sucht beziehungsweise einen Zwang entwickeln.

## Akzeptanz bringt Sie weiter

Ich bemerke öfter den Unwillen der Menschen, weil sie etwas akzeptieren müssen. Für viele bedeutet dies anscheinend, dass sie dadurch Schwäche zeigen, weil sie die Kontrolle über etwas abgeben. Sie befürchten, dass sie sich nicht weiterentwickeln können, wenn sie etwas sang- und klanglos hinnehmen. Oder dass sie nach diesem zerplatzten Traum keinen weiteren mehr haben dürfen. Schließlich könnte der sich ja wieder nicht erfüllen.

Je mehr Sie die Kontrolle über etwas oder jemanden haben wollen, desto mehr fürchten Sie, dass sie Ihnen entgleitet. Daher halten Sie die Zügel umso straffer in der Hand – nur um zu merken, dass Sie sich und den Ausdruck Ihrer Gefühle immer weiter einschränken. Sie machen Ihr Selbstwertgefühl vom Erfolg Ihres Kontrollverhaltens abhängig. Dabei wissen Sie tief in Ihrem Inneren, dass wir Menschen über gar nichts die Kontrolle haben. Die Welt schert sich nicht darum, was wir gerne im Griff hätten – und das zeigt sich tagtäglich.

Mein Vater beispielsweise nutzte seine Launen, um Kontrolle und Macht auf uns auszuüben. Ist ihm das gelungen? Nein, überhaupt nicht, wie unser heutiges auseinandergebrochenes Familienleben sehr deutlich zeigt. Er hat sich nicht eingestanden, dass er nur über eine einzige Sache die Kontrolle hat: über seine Gedanken und Gefühle.

In dem Moment, in dem Sie etwas oder jemanden akzeptieren, erlangen Sie die Kontrolle über sich selbst wieder. Das ist der Augenblick, in dem Weiterentwicklung und Fortschritt möglich sind. Ich gebe Ihnen daher für den heutigen Tag ein Motto mit, das Ihnen dabei helfen kann anzunehmen, was Sie nicht ändern können.

### IHR TAGESMOTTO HEUTE:

➤━━➤

**Ich akzeptiere, was ist.**

# Die Aufreger-Liste

**Nehmen Sie sich zehn Minuten Zeit und schreiben Sie alles auf, über das Sie sich ärgern – egal, ob das bestimmte Situationen, Personen oder Verhaltensweisen sind. Seien Sie absolut ehrlich. Diese Liste muss ja keiner sehen. Schreiben Sie auch Ihren eigenen Namen darauf, falls Sie sich noch über sich selbst aufregen.**

•

Nachdem Sie alles notiert haben, überlegen Sie sich, was Sie bisher noch daran gehindert hat, diese Situationen, Personen oder Verhaltensweise zu akzeptieren. Was würde passieren, wenn Sie sich das heutige Motto zu Herzen nehmen würden?

•

Nutzen Sie die restliche Zeit, um zu hinterfragen, was Sie bis jetzt noch daran gehindert hat, Gespräche zu führen, um Ihre Gefühle auf respektvolle, aber deutliche Art und Weise zu zeigen? Wo sitzt Ihre Angst? Glauben Sie wirklich, dass Sie nicht mehr gemocht werden, wenn Sie sagen, was Sie stört? Wenn das wirklich so wäre: Wollen Sie mit solchen Menschen weiter in Kontakt bleiben? Mit Menschen, denen Sie nur gefallen, wenn Sie sich tyrannisieren lassen? Wenn Sie nicht widersprechen? Wenn Sie sich weiterhin unterdrücken lassen?

## Wovon sind Sie noch abhängig?

Gehören Sie zu den Menschen, die sich eher anpassen? Fällt es Ihnen schwer, sich abzugrenzen oder Ihre eigene Meinung zu sagen? Erkennen Sie ein Muster in Ihren Beziehungen (zu Ihrer Partnerin, Ihrem Partner, Ihren Freunden, Ihrem Chef oder Ihren Kollegen)? Begeben Sie sich öfter mal in die Opferrolle, obwohl Sie wissen, dass Sie gar nichts falsch gemacht haben?

Haben Sie Angst davor, sich aus einer Beziehung zu lösen, die Ihnen nicht guttut? Wären Sie gerne unabhängig oder sogar frei, lauert gleichzeitig aber die Angst vor einem Leben in Freiheit in Ihnen? Schließlich könnte da so viel schiefgehen …

Oder reagieren Sie eher trotzig? Machen Sie das Gegenteil von dem, was man Ihnen sagt, weil Sie das an die Bevormundung in Ihrer Kindheit und Jugend erinnert? Wie zeigen sich Ihre innere Unzufriedenheit und Ihr Trotz im Alltag? Wie versuchen Sie, diese Gefühle zu kompensieren?

Ich fand die Stimmung in meinem Elternhaus wortwörtlich zum Kotzen. Meine Wut, meine Trauer und meine Ängste kompensierte ich durch meine fünf Jahre andauernde Bulimie. Aber natürlich brachte mir dieses Verhalten keine Erleichterung. Die spürte ich erst, als ich meine unterdrückten Gefühle endlich rausließ.

## Kathrins große Erkenntnis

Meine Klientin Kathrin lebte ständig über ihre Verhältnisse. Sie wollte dieses Thema endlich einmal angehen und wir kristallisierten ihren Glaubenssatz zum Thema Geld heraus. Der lautete: „Ich habe nie genug davon." Wir sprachen ausführlich darüber und auf einmal stellte Kathrin fest, dass es ihr gar nicht an Geld mangelte. Sie hatte generell das Gefühl, nicht genug zu bekommen – nicht genug Liebe, Anerkennung und so weiter. Der Grund dafür lag in ihrer Kindheit.

Im ersten Moment war Kathrin geschockt über die Erkenntnis darüber, warum sie wirklich unglücklich war. Aber als sie schließlich akzeptierte, dass sie so von sich selbst dachte, konnten wir daran arbeiten. Sie machte sich Gedanken darüber, warum sie so dachte, und ihre spontanen Antworten waren:

- „Wenn ich das denke, dann leide ich. Wenn ich leide, bekomme ich Aufmerksamkeit."
- „Wenn ich leide, dann befinde ich mich in meiner Komfortzone, in der kenne ich mich aus."
- „Wenn ich leide, dann mache ich andere Personen dafür verantwortlich. Sie sind schuld an meinem Unglück, an meinem Leid."

Kathrin durchlief seit Jahren folgenden Kreislauf:

- Ich fühle mich schlecht, weil ich nicht genug von dem bekomme, was ich mir wünsche ...,
- ... also shoppe ich im Internet und bestelle mir was Neues ...,
- ... dann habe ich wieder zu wenig Geld auf dem Konto und habe meine Zeit sinnlos verplempert.

Der letzte Schritt führte dann wieder zu schlechter Laune und alles ging von vorn los.

Ich machte Kathrin klar, dass sie nur eine Chance hat, den Kreislauf zu beenden: Sie musste ihren Glaubenssatz verändern. Denn ein anderes Verhalten (wie zum Beispiel aufhören zu shoppen) ändert nichts an dem Gedankenkarussell, das automatisch startet.

Es sind die kleinen Kathrins von früher, um die es hier geht. Sie sind es, die einst als Reaktion auf Gefühle und Gedanken diesen Glaubenssatz geschaffen haben. Wird er über Jahre hinweg wiederholt, nistet er sich tief im Unterbewusstsein ein und bestimmt damit auch die Zukunft. Kathrin hat angefangen, Kontakt zu ihrem verletzten inneren Kind aufzunehmen. Sie macht ihm Schritt für Schritt klar, dass es heute all das hat, was es früher nicht bekam.

## Hinterfragen Sie Ihren Glaubenssatz

Ich litt viele Jahre unter dem Gefühl, nicht geliebt zu werden. Nur darum steckte ich mir regelmäßig den Finger oder die Zahnbürste in den Hals. Ich dachte, ich sei nicht gut genug. Müsste Leistung bringen, um geliebt zu werden. Müsste mein Abitur machen, damit ich für meinen Vater studieren kann.

Als ich hinnahm, dass ich von meinen Eltern nie die gewünschten Gefühlszuwendungen bekommen würde, erkannte ich auch, dass ich meinen Glaubenssatz ändern musste. Der lautete: „Ich werde nicht geliebt." Ich fragte mich: Stimmt das wirklich so? Vielleicht lieben meine Eltern mich ja doch auf irgendeine Weise, die sie mir nur nicht zeigen können. Oder derer ich mir nicht bewusst bin, weil es nicht die Art Liebe ist, die ich brauche.

Ich sprach daraufhin mit den vielen kleinen Kims in mir. Ich spürte in sie hinein, ließ sie weinen und wütend sein. Aber ich ließ sie auch erkennen, dass es nun mal Umstände gab, durch die sich meine Eltern so verhielten, wie sie es getan hatten. Das musste ich meinen Eltern erlauben – und ihnen die mangelnde Zuwendung verzeihen, denn erst dann konnten die kleinen Kims von ihnen und dem negativen Glaubenssatz loslassen.

Lassen Sie nun auch los, wenn Sie wollen. Akzeptieren Sie, was nicht mehr zu ändern ist. Machen Sie sich den Glaubenssatz, der Ihr Mangelgefühl widerspiegelt, bewusst. Und formulieren Sie dann einen neuen, positiven. Dabei denken Sie bitte an eines:

### SIE SIND GUT SO, WIE SIE SIND.

# Die Peace-Finger

Setzen oder legen Sie sich hin. Für diese Übung brauchen Sie die fünf Finger der rechten oder linken Hand und den Satz:

## FRIEDEN BEGINNT IN MIR.

•

Legen Sie los, indem Ihr Daumen mit leichtem Druck die Zeigefingerkuppe derselben Hand berührt und Sie leise oder laut das Wort „**Frieden**" sagen. Als nächstes berühren Sie mit dem Daumen die Spitze Ihres Mittelfingers und sagen dazu „**beginnt**". Danach sind Ringfinger („**in**") und Ihr kleiner Finger („**mir**") dran. „**Frieden beginnt in mir.**"

•

Falls Sie in der Öffentlichkeit nicht vor sich hin murmeln möchten, können Sie die Worte auch in Gedanken aufsagen, während Ihr Daumen nacheinander die vier Finger berührt.

•

Diese Übung können Sie so oft wiederholen, wie Sie wollen – tagsüber, wenn Sie sich von etwas oder jemandem stressen lassen, oder abends, wenn Sie im Bett liegen und vor Ärger über etwas oder jemanden nicht schlafen können.

*Diese Meditation finden Sie als Hörversion auf meiner Webseite.*

# Raus aus dem Drama-Dreieck

Denken Sie manchmal, dass Sie etwas falsch gemacht haben, weil Ihr Partner, Ihr Chef, der Freund oder die Kollegin mies gelaunt sind? Handeln Sie reflexartig mit einem Schuldgefühl, wenn Ihnen ein Fehler unterlaufen ist?

Wenn das so ist, waren Sie als Kind wahrscheinlich der Auffassung, dass die Familienstimmung zum Großteil von Ihnen abhängt. Haben Sie – wie eine meiner Klientinnen – gehört, dass Sie Ihrer Mutter oder dem Vater „das Leben versaut" haben? Klingen noch Sätze wie „Jetzt ist die Mama aber traurig" oder „Da hast du deinen Vater aber enttäuscht" in Ihren Ohren?

Das Gefühl, nicht gut genug zu sein und es niemandem recht machen zu können, kann extrem an der Seele nagen und sogar zu einer schweren Depression führen. Betroffene leben oft in einer Art Duckhaltung: Sie haben permanent Angst, wieder einen übergezogen zu bekommen. Einen Fehler zu machen. Sich zu blamieren. Sie beschäftigen sich die ganze Zeit damit, welches Verhalten anderen gegenüber nun das richtige ist, anstatt zu schauen, was für sie das Richtige ist.

Sobald Sie aus dieser defensiven Position herauskommen, können Sie das Feld viel besser überschauen. Sie fangen an, weniger an sich zu zweifeln, weil Sie nicht länger geduckt und mit gesenktem Blick durch die Welt laufen.

### IHR HEUTIGES TAGESMOTTO LAUTET DAHER:

➡

### Ich befreie mich.

## Die Spuren der Kindheit

Negative Erlebnisse in der Kindheit und Jugend können zu einem permanenten Schamgefühl führen. Menschen, die darunter leiden, glauben, die Welt werde sie nie akzeptieren. Dass sie nicht dazugehören. Dass mit ihnen irgendetwas nicht stimmt. Dadurch sind sie die geborenen Opfer.

Dabei ist Scham nie die Realität, sondern nur der Glaube an etwas – eine innere Überzeugung. Es gibt einen großen Unterschied zwischen einem Verhalten, durch das wir Scham empfinden, und der absoluten Identifizierung mit diesem Gefühl. Läuft etwas schief, ist das nur eine Momentaufnahme.

### SIE SIND NICHT DIESER AUGENBLICK.

➤➤→

**Wenn Sie das erkennen, können Sie anfangen, das falsche Schamgefühl loszulassen.**

# Lassen Sie los vom falschen Schamgefühl

**Denken Sie an eine Situation, in der Sie sich besonders geschämt haben oder sich schuldig für etwas fühlten. Einen Moment, den Sie so nie wieder erleben möchten. Und dann analysieren Sie ihn mithilfe dieser fünf Punkte:**

•

Was ist passiert?
(Beschreiben Sie auch, wie es Ihnen ging, bevor die Situation so eskalierte, dass Sie sich beschämt/schuldig fühlten.)

•

Auch wenn alles so verlaufen ist, bedeutet das nicht …
(Machen Sie hier den Unterschied deutlich zwischen einem Verhalten und der Identifikation mit der Situation.)

•

Tatsächlich gab es schon viele Momente, in denen ich …
(Geben Sie positive Gegenbeispiele an.)

•

Wäre das einer guten Freundin oder einem guten Freund passiert, würde ich ihr oder ihm folgenden Tipp geben: …
(Spenden Sie den Trost, den Sie damals gebraucht hätten.)

•

In Wirklichkeit bin ich …
(Wenn nicht die Vergangenheit dazwischenfunkt …)

## Was ist Ihre Paraderolle?

Die meisten Menschen haben sich schon einmal im folgenden Dreieck befunden: Opfer – Täter – Retter.

Unsichere Menschen flüchten oft in die Opferrolle, denn sie glauben nicht an sich selbst und ihr Recht auf Anerkennung. Sie lehnen Eigenverantwortung ab und lassen stattdessen lieber andere für sich entscheiden.

Opfer machen ihr Gegenüber für das verantwortlich, was ihnen passiert. Damit werden sie selbst zu Tätern, ohne es zu merken. Eines sollten Sie sich einmal bewusst machen: Ohne Opfer kann es keinen Täter geben und ohne Täter kein Opfer. In dem Moment, in dem sich einer von beiden nicht mehr für seine Rolle zur Verfügung stellt, löst sich das Dreieck auf.

Auch die Rolle des Retters haben Sie sicher schon öfter eingenommen, als es für Sie selbst, aber auch für diejenigen Personen, denen Sie beistehen wollten, gut gewesen wäre. Warum? Sie eilen vermeintlichen Opfern zur Hilfe, stellen sich auf ihre Seite und ziehen gegen den Täter in die Schlacht. Damit sprechen Sie dem Opfer sein Verantwortungsbewusstsein ab. Zudem erwarten Sie unterschwellig eine dankbare Haltung und sind meist empört, wenn diese nicht erfolgt.

## In welche Rolle ich nicht mehr schlüpfe

Ich arbeitete in einer Firma einmal mit zwei Kolleginnen, die sich nicht besonders mochten. Beide machten mir gegenüber ihrem Ärger Luft. Ich ergriff Partei für eine, weil ich wusste, dass sie sich nie trauen würde, der anderen die Meinung zu sagen. Also fand ich, dass es mein gutes Recht sei, das für sie zu tun. Nach meiner Ansage rannte die „Angeklagte" weinend aus dem Zimmer – und meine „Verbündete" stellte sich auf ihre Seite. „Das war aber ganz schön hart", sagte sie.

Das war wie ein Schlag vor den Kopf. Erstens, weil die eine Kollegin meinetwegen weinte, und zweitens, weil die andere mich dafür kritisierte, dass ich das auf den Tisch gebracht hatte, worüber sie sich wochenlang bei mir ausgeheult hatte. Somit durfte ich lernen, dass ich nur für mich selbst verantwortlich bin. Meine Retterrolle, die ich mir irgendwann einmal aus ehrenhaften Gründen angeeignet hatte, war nicht mehr förderlich.

Nach dieser Eskalation wurde aus dem Opfer eine Täterin, die mich ebenfalls zu einer solchen machte. Und ich wiederum sorgte dafür, dass es ein weiteres Opfer in dieser Situation gab ...

Seitdem äußere ich nur noch meine Meinung und nicht die von anderen Menschen. Weil ich nicht wissen kann, was für sie gut ist. Ich kann es nur vermuten – und damit sehr oft falsch liegen.

## Die verschiedenen Typen des Dreiecks

Merken Sie sich eines: Egal, welche Rolle Sie im Dreieck einnehmen, Sie können nur verlieren.

Opfer trauen sich wenig zu, hadern mit sich und der Welt, setzen sich kaum Ziele – und wenn doch, dann werden diese schnell wieder verworfen. Sie scheuen Konflikte und trauen sich nicht, einer Situation oder Person die Stirn zu bieten. Stattdessen geben sie sich harmoniebedürftig und gutmütig. Gleichzeitig sind Opfer oft große Egoisten. Denn es gibt viele Menschen, die sich in ihrer Opferrolle wohlfühlen und dadurch die Lage zu Hause oder in der Firma dominieren.

Täter setzen ihren Willen ohne Rücksicht auf Verluste durch. Aber wie man an meiner Geschichte mit den Kolleginnen sieht, kann man auch „zufällig" und ohne Hintergedanken schneller zum Täter werden, als einem lieb ist.

Retter überblicken scheinbar am besten von allen drei Parteien die Situation und wollen sie lenken. Ihnen ist es wichtig, souverän und abgeklärt zu wirken. Um klarzustellen, dass sie eigentlich nichts mit diesem Drama zu tun haben. Dabei sind sie genauso mittendrin wie das Opfer und der Täter.

**Durch die heutige Abendübung finden Sie heraus, wann Sie sich in welche Rolle begeben, um dieses Verhalten in Zukunft zu vermeiden. Je reflektierter Sie die Übung machen, desto besser erkennen Sie Ihre Muster. Erschrecken Sie nicht, sondern akzeptieren Sie diese. Wir alle waren vor allem schon Opfer und Täter. Schließlich haben Sie diese Rollen für sich genutzt. Wenn Sie das ändern wollen, brauchen Sie sich am Ende der Übung nur zu fragen: Möchte ich mich weiterhin in diese Rolle(n) begeben?**

AUF EINEN
BLICK

# Der Dreiecks-Test

**Kreuzen Sie die Aussagen an, die auf Sie zutreffen:**

•

Ich werde regelmäßig darum gebeten zu helfen –
und komme dieser Bitte gerne nach. (c)

•

Es kommt öfter vor, dass ich einen Streit vom Zaun breche. (a)

•

Ich fühle mich häufig ungerecht behandelt. (b)

•

Ich behalte gerne Recht. (a)

•

Es macht mir Spaß, Schwächeren zu helfen. (c)

•

Ich gehe Konflikten aus dem Weg. (b)

•

Ich gebe öfter ungefragt Ratschläge oder Tipps. (c)

•

Ich beurteile Menschen nach ihrem Verhalten (beispielsweise
nach Pünktlichkeit, Verlässlichkeit, Sinn für Ordnung). (a)

•

Verantwortung gebe ich lieber ab. (b)

Welchen Buchstaben haben Sie öfter angekreuzt?
a steht für Täter, b für Opfer und c für Retter.
So sehen Sie schon mal, welche Rolle Sie häufiger einnehmen.

**Stellen Sie sich nun folgende Fragen:**

•

Wie geht es mir damit?

•

Welche Vorteile habe ich,
wenn ich eine dieser Rollen einnehme?

•

Welche Nachteile?

•

Nehme ich in wiederkehrenden Situationen oder
bei bestimmten Menschen immer dieselbe Rolle ein?

•

Welche Gedanken und Gefühle lassen mich
in diese Rolle schlüpfen?

**Um aus diesem Drama-Dreieck auszusteigen oder beim
nächsten Mal erst gar keine Rolle darin einzunehmen,
beantworten Sie nun folgende Fragen:**

•

Wer wäre ich ohne diese Rolle?

•

Wie kann ich meine Kommunikation verbessern, um beim
nächsten Mal erst gar nicht in das Dreieck einzusteigen?

•

Wie verhält sich jemand, der sich aus diesem Dreieck heraushält?

Am besten schnappen Sie sich Stift und Papier,
um Ihre Erkenntnisse festzuhalten.

# Lehnen Sie die Ablehnung nicht ab

Ich bin immer wieder erstaunt darüber, wenn ich von meinen Klienten oder im Freundeskreis höre, dass jemand allen Menschen gefallen möchte, die er kennt. Ich empfinde diesen Gedanken nämlich als extrem anstrengend. Aber eines unserer größten Bedürfnisse ist nun mal, akzeptiert zu werden. Wir wollen geliebt werden, dazugehören. Das ist einer unserer wichtigsten Antreiber. Männern und Frauen geht es da gleich. Die Angst vor Ablehnung macht nicht vor dem Geschlecht halt. Männer zeigen sie nur nicht so offen wie Frauen.

Wenn Sie sich allerdings die meiste Zeit damit beschäftigen, nicht abgelehnt zu werden, ist Ihr Auftreten nicht authentisch. Sie geben sich dann in Gesellschaft anders, als Sie es allein zu Hause sind. Sie richten Ihr Verhalten und Aussehen danach, was andere gut finden. Da liegt das Dilemma: Erstens wechseln Sie so ständig den Kurs. Denn wenn Sie zehn Menschen nach ihrer Meinung fragen, kriegen Sie zehn verschiedene Antworten. Zweitens können Sie kein gesundes Selbstbewusstsein entwickeln, solange Sie sich aus Angst vor Ablehnung noch so anpassen. Sie können mit diesem Wunsch nach Anpassung und in diesem wechselnden Rollenspiel niemals wirklich aufrichtig sein. Es liegen dann Welten zwischen Ihrem wahren Ich und der Person, die Sie vorgeben zu sein. Zwischen dem, was Sie anderen sagen, und dem, was Sie wirklich fühlen.

## Setzen Sie einen neuen Fokus

Anders sieht es aus, wenn Sie Ihren Fokus auf die Akzeptanz legen. Fragen Sie sich doch mal, was Sie selbst an sich akzeptieren und was in Zukunft noch hinzukommen soll.

Damit wir uns richtig verstehen: Ich fordere Sie nicht dazu auf, von jetzt an komplett darauf zu pfeifen, was andere Menschen von Ihnen denken. Würde ich diese Einstellung praktizieren, wäre ich sicher nicht in einer glücklichen Beziehung, ich hätte keine Freunde und es würde auch niemand zu meinen Meditations-Workshops kommen.

Ich habe aber schon lange folgendes Motto, das ich Ihnen für den heutigen Tag zur Verfügung stellen möchte:

### IHR TAGESMOTTO HEUTE:
➤➤➤

**Ich muss nicht jedem Menschen gefallen.**

## So werden Sie authentisch

Viele Menschen verkaufen ihr Verhalten als Höflichkeit. Sie richten ihr ganzes Leben danach aus, sich den Vorstellungen und Bedingungen anderer zu beugen. Und landen so in der klassischen Opferrolle.

Es ist aber nicht unhöflich, wenn Sie sagen, was Sie denken – außer, Sie tun es in einer Form, die andere verletzt. Bringen Sie zur Sprache, was Sie stört, verletzt hat oder Ihnen schon länger gehörig stinkt. Das ist für mich ehrlich, authentisch – und vor allem ist es sehr gesund. Manchmal muss sich der Mensch unbeliebt machen, um sich weiterentwickeln zu können.

Je weniger Sie sich so geben, wie Sie sind, desto weniger können Sie sich selbst akzeptieren. Solange Sie darüber nachdenken, wie „man" sich in einer bestimmten Situation am besten verhält, verweigern Sie Ihrem Ich, sich zu entfalten. Ihr Ich wird somit dauerhaft unterdrückt. Und das Opfer wird so manchmal sehr schnell zum Täter.

# Gefallen Sie doch mal sich selbst

**Nutzen Sie die nächsten zehn Minuten dazu,
um sich mit dieser Übung auf einen neuen Tag vorzubereiten,
an dem Sie sich das erste Mal darum kümmern,
nicht mehr jedem gefallen zu wollen.**

•

Dazu konzentrieren Sie sich darauf, was die Vorteile sind,
wenn Sie sich von jetzt an immer öfter akzeptieren. Notieren
Sie auf einem Blatt Papier, was Ihnen dazu in den Sinn kommt.

•

Wie sähe das aus, wenn Sie sich trauen würden,
sich so zu geben, wie Sie sind?

•

Verstellen Sie sich immer oder nur bei bestimmten Menschen?

•

Falls Letzteres zutrifft:
Woher kommt die Angst vor deren Ablehnung?

•

Welchen ersten Schritt könnten Sie heute machen,
der Ihnen zeigt, dass Sie sich selbst gefallen wollen?

## Mit wessen Augen blicken Sie auf sich?

Mein Klient Andreas sagte zu Anfang seiner Therapie, er habe das Gefühl, anders zu sein als die anderen – und das wolle er nicht. Er wolle lieber wie die Masse sein. So etwas passiert, wenn man sich mit einem Haufen Kopien identifiziert, anstatt das Original durchscheinen zu lassen, das in jedem von uns steckt. Aber wenn Sie mit den Gedanken anderer Ihr Streben nach Anerkennung untermauern, dann wollen Sie für Eigenschaften geschätzt werden, die Sie gar nicht haben.

Wir meinen, wenn wir einen Witz machen und ein anderer lacht darüber, seien wir ein guter Witzeerzähler. Wir glauben, dass wir unser Selbst durch einen anderen Menschen erfahren. Indem er uns sagt oder zeigt, wie er uns findet. Dann gehen wir zur nächsten Person und sehen uns durch deren Augen. Sie reagiert aber ganz anders als der Vorgänger. Wer sind wir denn nun?

Sie sind so, wie Sie sich selbst sehen. Sollten Sie sich als wertlos, unselbstständig oder wie auch immer fehlerhaft empfinden, so fragen Sie sich, durch welche Augen Sie schauen. Werden Sie zu einem Menschen, dem es egal ist, was die meisten über ihn denken. Und schauen Sie mit liebevollen Augen auf sich selbst.

Jede unserer Handlungen ist ein Ausdruck dafür, wie wir uns selbst sehen. Gehen wir voller Sorgen, Zweifel oder Angst durch den Tag, so hadern wir auch noch mit uns selbst. Ist unser Vorgehen voller Liebe, Freude und Authentizität, so spricht das für eine große Selbstakzeptanz.

Ein Freund sagte mir mal: „Die ganze Welt ist eine große Schaubühne." Und damit hat er recht. Stellen Sie sich zu den anderen, nicht hinter sie oder in ihren Schatten. Dafür sind Sie nicht auf dieser Welt. Sie sind hier, um Ihr Selbst und das Licht, das in Ihnen leuchtet, scheinen zu lassen. Und durch Ihren Mut helfen Sie auch anderen dabei, sich nach vorn zu trauen. Treten Sie vor in die erste Reihe.

# Lernen Sie, aufrichtig zu lieben

**Nehmen Sie Stift und Papier zur Hand und beenden Sie diesen Tag, indem Sie sich vor Augen führen, was Sie noch brauchen, um sich anerkannt zu fühlen.**

•

Ist es ...
... eine bestimmte Person?
... eine Beförderung?
... ein bestimmtes Gehalt?
... ein tolles Auto?
... eine Schönheitsoperation?

•

Seien Sie ganz ehrlich. Schreiben Sie alles auf, was Ihnen einfällt.

•

Überlegen Sie: Welche drei Menschen aus Ihrem Umfeld würden Sie nach diesen Veränderungen noch mehr mögen? Schreiben Sie deren Namen auf.

•

Dann denken Sie an drei Personen, die Sie lieben. Stellen Sie sich vor, dass Sie rein gar nichts von ihnen brauchen. Weder Akzeptanz noch Zuwendung, Anerkennung oder Materielles. Würden Sie sie trotzdem noch lieben?

•

Bei dieser Übung geht es darum zu erkennen, wie sehr Ihre Selbstakzeptanz an andere Personen geknüpft ist. Sobald Sie anfangen, sich davon zu lösen, empfinden Sie eine aufrichtige Liebe. Für sich selbst – und für Ihre Mitmenschen.

# Was wollen Sie sich oder anderen verzeihen?

Heute dreht sich alles um das Thema Vergebung. Darum muss ich mit Ihnen zunächst über Perfektionismus sprechen. Denn Perfektionisten fällt es schwer zu verzeihen – sich selbst und anderen Personen. Schließlich wollen sie auf keinen Fall Fehler machen. Auch anderen Menschen nehmen sie diese krumm.

Perfektionisten haben ein Problem damit, sich auf das Positive zu konzentrieren. Sie sehen nicht, was sie oder andere gut gemacht haben. Sie sehen nur, was falsch läuft. Was sie oder andere hätten besser machen können. Sie schauen auf Schwächen. Und genau darum fällt es ihnen so schwer, jemandem anderen oder sich selbst zu verzeihen.

### IHR HEUTIGES TAGESMOTTO LAUTET:

**➤➤ ➝**

**Ich muss nicht perfekt sein.**

## Tanjas Trugschluss

Meine Klientin Tanja wollte auch immer perfekt sein. Weil sie glaubte, dass dann alle Menschen sie lieben würden. Aufmerksamkeit, Lob und Erfolg waren für sie das Größte. Wenn diese glücksbringenden Mittel nicht zur Verfügung standen oder ihr bewusst verwehrt wurden, griff sie ersatzweise zu Lebensmitteln. Mit ihnen kompensierte sie das Gefühl der Leere, der Unsicherheit und der Fehlerhaftigkeit.

Es ging Tanja permanent darum, von allen geliebt zu werden. Ich stellte ihr darum die Frage: „Aber wie sähe es denn aus, wenn das so wäre?"

Sie konnte mir keine Antwort darauf geben, was sie selbst erstaunte. Schließlich war das doch immer ihr Ziel gewesen, allerdings ohne zu wissen, wie das wirklich aussieht. Ich bat Tanja darum, sich die Situation vorzustellen, von allen geliebt zu werden.

> **Malen Sie sich doch mal aus, Sie würden von allen Menschen zu jeder Tages- und Nachtzeit betatscht, umarmt, geküsst und gelobt werden. Ob Ihnen das nun passt oder nicht – denn schließlich wollen Sie ja von allen geliebt werden. Und diese Personen entscheiden dann für sich, wann sie Ihnen ihre Liebe zukommen lassen.**

KLEINE
AUFGABE

Ich konnte an Tanjas Blick erkennen, dass sie nicht begeistert war von den Bildern, die sich vor ihrem geistigen Auge auftaten. Sie erkannte, dass sie jahrelang auf ein Ziel hingearbeitet hatte, das eigentlich Quatsch war.

Aber dank dieser Erkenntnis war sie in der Lage, sich ein neues, sinnvolles Ziel zu suchen. Und das formulierte sie so: „Ich möchte nicht mehr, dass alle anderen mich lieben. Von jetzt an möchte ich mich erst mal selbst lieben."

# Ganz leicht weg vom Perfektionismus

**Suchen Sie sich einen ruhigen Platz, machen Sie es sich bequem und atmen Sie ganz ruhig ein und aus. Erinnern Sie sich an eine Situation, in der Ihnen etwas besonders leicht gefallen ist. Sobald Sie diese vor Augen haben, konzentrieren Sie sich auf das Gefühl, das Sie mit diesem Augenblick verbinden. Spüren Sie, wo es sich in Ihrem Körper bemerkbar macht.**

•

Auch wenn es zunächst ganz sanft und zart daherkommt – geben Sie diesem Gefühl ausreichend Zeit, sich zu entfalten. Lassen Sie Ihren Wunsch los, das Gefühl in irgendeiner Weise erzwingen oder verändern zu wollen. Beobachten Sie, wie es immer größer und stärker wird. Nehmen Sie es an.

•

Geben Sie sich dieser Leichtigkeit hin und atmen Sie dabei ganz ruhig weiter. Sobald Sie sich mit dem Gefühl verbunden fühlen, sagen Sie den Satz:

•

**„Ich muss nicht perfekt sein, weil ich es bereits bin."**

Diese Übung können Sie wiederholen, so oft Sie wollen. Sie können Sie abends vor dem Einschlafen praktizieren – oder auch im Büro, wenn Ihnen der Stress bis zum Hals steht.

*Diese Meditation finden Sie als Hörversion auf meiner Webseite.*

## Vergebung nimmt den Groll

Warum sträuben wir uns überhaupt so vor Fehlern? Schließlich weiß doch jeder aus eigener Erfahrung, dass man aus Fehlern am meisten lernt. Würden wir keine Fehler machen, könnten wir uns nicht weiterentwickeln.

Es kann natürlich sein, dass Sie einer Person wehgetan haben oder dass Sie selbst sehr verletzt wurden. Und dass Sie diesen Fehler nicht verzeihen können. Sobald Menschen zu Schaden kommen, hört das Verständnis auf. Denn wir glauben: Wenn wir den Fehler eines anderen verstehen und erkennen, wie es überhaupt dazu kommen konnte, verspürt der Täter keine Reue. Das stimmt jedoch ganz und gar nicht. Ob jemand einsichtig ist, hängt nicht von Ihrem Verständnis ab. Aber durch Ihr Verständnis und Ihre Vergebung lösen Sie sich von dem Täter – statt ein Leben lang durch ein Gefühl des Grolls mit ihm verbunden zu bleiben.

## Finden Sie die Ursache Ihres Ärgers

Gibt es in Ihrem Leben jemanden, den Sie um Verzeihung bitten möchten oder müssen? Falls Ihnen das bisher schwerfällt, stellen Sie sich doch erst mal die Frage, welche Absicht hinter der Verletzung stand, die Sie absichtlich oder unabsichtlich verursacht haben. Erinnern Sie sich an die Situation: Was war Ihre eigentliche Absicht? Was haben Sie gedacht und gefühlt? Wodurch konnte sich die Situation so entwickeln? Durch Wut? Ärger? Enttäuschung? Angst?

Steckten Sie damals in der Täter- oder Opferrolle? Wollten Sie jemanden gezielt verletzen – oder nur eine bestimmte Reaktion provozieren, die dann nicht kam? Hat Sie das so wütend gemacht oder verletzt, dass Sie verbal oder körperlich zurückgeschlagen haben? Haben Sie andere auch schon durch Ihre Wahrnehmung ungerecht behandelt, weil Sie sich ungerecht behandelt fühlten? Es ist Ihre Wahrnehmung, die Sie zum Täter oder Opfer macht.

## Wofür ich mich entschuldigen musste

Ich habe einmal einer Freundin einen fünfseitigen Brief geschrieben, indem ich ihr haarklein aufzählte, was ich in einer schwierigen Lebenssituation von ihr erwartet hatte. Und dass sie diese Erwartungen nicht erfüllt hatte – obwohl doch klar wäre, dass man sich unter guten Freundinnen so verhielte. Jedenfalls war das damals für mich sonnenklar.

Natürlich waren das aber alles Erwartungen, die ich ihr gegenüber nie geäußert hatte. Jahre später, als ich mich zum Glück in meiner Persönlichkeit weiterentwickelt hatte, erkannte ich, wer da mit welcher Absicht diesen Brief geschrieben hatte: mein verletztes Ego, das unbedingt zurückschlagen wollte.

Vor einiger Zeit bekam ich dann die Gelegenheit, mich bei meiner Freundin für diesen dummen Brief zu entschuldigen. Ich habe ihr unter anderem gesagt, dass mein Ego damals federführend war – für das ich aber als Kim verantwortlich bin. Sie erklärte mir, dass ihr diese Entschuldigung unglaublich viel bedeuten würde. Im Gegenzug hat sie sich bei mir dafür entschuldigt, dass sie mir in dieser schweren Zeit nicht die Freundin war, die ich gebraucht hätte.

Um mich entschuldigen zu können, musste ich mir also klar werden, mit welchem Vorsatz ich den Brief geschrieben hatte. Im Nachhinein verstand ich, dass meine Verletztheit der Verfasser gewesen war. Das musste ich mir erst einmal verzeihen, damit ich mich anschließend bei meiner Freundin entschuldigen konnte.

> **Ärger und Schmerz halten uns in der Vergangenheit fest und verwehren uns den Blick auf eine freie Zukunft. Akzeptieren Sie, was Sie nicht ändern können, indem Sie vergeben. Sich selbst und anderen.**

MEINE
ERKENNTNIS

# Ihre Vergebungsliste

**Nehmen Sie ein Blatt Papier und erstellen Sie eine Liste
mit allen Personen, denen Sie vergeben möchten.
Dazu schreiben Sie die Situation auf, um die es einst ging
und wegen der Sie noch Groll hegen.**

•

Fügen Sie auch alle Menschen hinzu, die eine Entschuldigung
von Ihnen verdient haben. Es ist nämlich nicht schlimm,
einen Fehler zu machen. Es ist schlimm zu verleugnen,
einen Fehler gemacht zu haben.

•

Sind Sie schließlich bereit dazu, können Sie das in Form
eines Briefs machen, den Sie abschicken – oder auch nicht.
Vielleicht führen Sie lieber ein persönliches Gespräch.
Sollte der Betreffende schon verstorben sein,
so können Sie dennoch verzeihen oder sich schriftlich
entschuldigen. Auch diese Zeilen kommen an.

# Sind Sie bereit, sich zu verändern?

Lesen Sie doch bitte mal laut den Titel dieses Kapitels vor. Denn genau das ist heute meine Frage an Sie: Sind Sie bereit, sich zu verändern? Wirklich? Solange Sie vor etwas davonlaufen, solange Sie eine problematische Situation oder Person an den Rand Ihres Bewusstseins schieben, so lange bleibt Ihre Angst davor lebendig. So lange geben Sie der Veränderung keinen Raum, so lange kann nichts Neues entstehen.

Die Psychologie interessiert sich schon lange dafür, woran es liegt, dass es so vielen Menschen schwerfällt, sich auf eine Veränderung einzulassen. Warum sie lieber an etwas festhalten, obwohl es ihnen nachweislich nicht guttut.

Es ist ja so: Ob wir uns für den richtigen Beruf, den richtigen Partner, das beste Auto und so weiter entschieden haben, wissen wir immer erst hinterher. Doch auf diese Phase des Wartens und Zweifelns haben die meisten von uns keine Lust. Daher wählen wir lieber die Lösung, die anscheinend kurzfristig zu einem guten Ergebnis führt.

Aber was wäre langfristig betrachtet für Sie am besten? Überlegen Sie einmal, welches Verhalten, welchen Menschen, welchen Gegenstand oder welche Denkweise Sie endgültig hinter sich lassen wollen.

**IHR HEUTIGES TAGESMOTTO LAUTET PASSEND DAZU:**

➤➤➡

**Ich heiße die Veränderung in meinem Leben willkommen.**

## Was bremst Ihren Lebensfluss?

Stellen Sie sich Ihr Leben wie einen Fluss vor, der stetig und kraftvoll durch die Landschaft rauscht. Je mehr unnütze Gedanken und Gefühle wie Ängste, Sorgen und Zweifel diesen Fluss zumüllen, umso langsamer fließt er – und umso langsamer fließt somit auch Ihre Energie.

In Woche 1 haben Sie angefangen, darauf zu schauen, in welche Richtung Ihr Leben bisher geflossen ist. Von welchen Dingen, die den Fluss Ihres Lebens schon viel zu lange verstopft haben, wollen Sie sich nun trennen?

Das heißt nicht, dass Sie gleich Ihren Job aufgeben müssen oder aus Ihrer Beziehung ausbrechen sollen. Sie müssen nicht alles verändern. Es gibt auch Umstände und Gewohnheiten, die Sie für Ihre Weiterentwicklung brauchen. Wichtig ist, dass Sie erkennen, was Ihnen noch guttut und was nicht mehr.

Es gibt immer unvorhergesehene Ereignisse, die dazu führen können, dass sich unser Flusslauf verändert. Aber je größer und stärker ein Fluss ist, desto weniger lässt er sich von solchen Ereignissen aufhalten. Je mehr Sie in den Widerstand dazu gehen, desto mehr wertvolle Energie verbrauchen Sie.

# Ich bin bereit.

**Machen Sie es sich für die nächsten zehn Minuten an einem ruhigen Ort bequem, schließen Sie Ihre Augen und atmen Sie ein paar Mal ein und aus. Nehmen Sie wahr, wie Sie sich fühlen, und sagen Sie zu sich: „Ich bin bereit."**

•

Stellen Sie sich vor, Sie stehen an einer Weggabelung: Rechts zweigt der Pfad ab, dem Sie bisher immer gefolgt sind. Doch Sie biegen voller Enthusiasmus nach links ab, auf unbekanntes Terrain. Alle paar Meter kommen Sie an Abzweigungen zu Ihrem alten Weg vorbei. Diese Abzweigungen symbolisieren etwas, das Sie eigentlich nicht mehr oder nicht mehr so häufig wie bisher denken, fühlen oder machen wollen.

•

Und jetzt kommt Ihre Entschlossenheit ins Spiel. In „Entschlossenheit" steckt das Wort „Schloss". Stellen Sie sich vor, Sie verschließen nach und nach alle Eisentore vor den Abzweigungen mit dicken Vorhängeschlössern. Damit verabschieden Sie sich von Ihrem bisherigen Verhalten. Das ist der Moment, in dem Sie für sich festlegen, dass Sie der angstmachenden Gedankenschleife vor einer notwendigen Veränderung nicht mehr folgen werden.

•

Atmen Sie für die nächsten Minuten ganz entspannt weiter. Nehmen Sie wahr, wie Sie sich fühlen, und sagen Sie zu sich: **„Ich bin bereit."**

*Diese Meditation finden Sie als Hörversion auf meiner Webseite.*

## Die lähmende Angst

Angst ist eine Emotion, die wir gerne verdrängen. Von ihr wollen wir so schnell wie möglich loslassen. Aber wir merken nicht, dass wir durch unser angestrengtes Verdrängen nur noch stärker an ihr festhalten. Der Widerstand gegen Ihre Angst kostet Sie mehr Energie, als sie zu akzeptieren.

Es ist wichtig, dass Sie sich Ihre Angst anschauen. Sie zeigt Ihnen, wo in Ihrem Leben die Punkte liegen, an denen Sie etwas verändern dürfen. Nehmen Sie dieses Gefühl an, ohne sich damit zu identifizieren. Denn Sie haben zwar vor etwas Angst, aber Sie sind nicht diese Angst.

Sobald Sie sich von Ihrer Angst übermannen lassen, sind Sie kaum noch handlungsfähig. Kann es sein, dass Sie sich von der Angst vor einer notwendigen Veränderung so haben lähmen lassen, dass Sie sich nicht weiterentwickeln können?

## Schluss mit Kompromissen

Wir wachsen an den Aufgaben, denen wir im Laufe unseres Lebens begegnen. Es geht immer darum, wie wir sie bewältigen. Wie wir auf sie reagieren. Wie wir sie akzeptieren. Was durften Sie bisher in der „Schule des Lebens" lernen? Welche Aufgaben haben Sie weitergebracht, auch wenn diese besonders herausfordernd waren? Jede Krise bietet Ihnen die Chance zur Weiterentwicklung Ihrer Persönlichkeit.

Wenn Sie etwas annehmen, so wie es ist, dann holt Sie das mit voller Wucht zurück in die Gegenwart. Sie trauern nicht mehr Vergangenem hinterher oder bauen Luftschlösser in der Zukunft. Sie hören auf, sich an mickrige Strohhalme zu klammern, die im Laufe der Zeit unter der Last Ihrer Erwartung zusammenbrechen werden.

## NUR IM HIER UND JETZT KÖNNEN SIE IHR WEITERES LEBEN GESTALTEN. FREI. NEU. UND GANZ BEWUSST.

Mit Ihrer Akzeptanz beginnt Ihre Entscheidung. Das mag am Anfang vielleicht schmerzhaft oder schwierig sein. Aber es ist tausendmal besser, als einen Kompromiss zu leben, den man am Ende seines Lebens nur bereuen kann. Es geht schließlich um Ihre Verantwortung sich selbst gegenüber. Um Ihre Authentizität.

**KLEINE AUFGABE**

**Geben Sie sich am heutigen Tag die Chance, dankbar auf das zu schauen, was Sie erleben durften. Da gibt es unschöne Momente: Erkennen Sie, dass diese vorbei sind. Und dass Sie daraus sicher wichtige Erkenntnisse gewonnen haben. Aber denken Sie auch zurück an alle schönen Momente. An Ihr Lachen, herzliche Umarmungen und wichtige Erfolge. Die kann Ihnen niemand nehmen. Auch, wenn Sie nun den ein oder anderen Schlussstrich ziehen.**

# Sieben Fragen für einen Neustart

**Ihnen fehlt noch der letzte Schubs, um eine Veränderung in Gang zu bringen? Dann beantworten Sie die folgenden Fragen schriftlich. Ihre Antworten zeigen Ihnen, warum es wichtig ist, dass Sie sich neu orientieren.**

•

Inwiefern macht die geplante Veränderung Ihr Leben besser, wertvoller, ausgefüllter oder gesünder?

•

Wie können Sie die Veränderung zu Ihrem Vorteil nutzen? (Die Antwort darauf holt Sie aus Ihrer Vermeidungshaltung raus, falls Sie sich derzeit noch zu sehr auf die Nachteile konzentrieren.)

•

Wie wollen Sie ab sofort leben und warum ist daher die Veränderung unvermeidbar?

•

Welchen Einsatz sind Sie bereit, für diese Veränderung zu geben? Und was wollen Sie lassen?

•

Was können und müssen Sie tun, wenn Sie merken, dass Sie wieder in alte Verhaltensweisen zurückfallen? An wen können Sie sich wenden?

•

Welche Übung oder Meditation aus diesem Buch kann Sie unterstützen, um auf Ihrem neuen Veränderungskurs zu bleiben?

•

Sie können auch alles belassen, wie es ist, schließlich ist es
Ihr Leben. Nur Sie haben darüber zu urteilen. Aber wie wird
sich Ihr Leben dann entwickeln? Stellen Sie eine Prognose,
denn schließlich tun Sie das ja auch jedes Mal,
wenn Sie sich der Veränderung widersetzen.

**Nachdem Sie das alles hier durchgelesen haben, haben Sie
immer noch das Gefühl, dass Sie sich nicht verändern können?
Vielleicht, weil Sie sich Ihres weiteren Weges und Ihres Lebens-
sinns nicht bewusst sind? Dann lassen Sie sich von mir sagen:**

### DER SINN DES LEBENS IST DER SINN,
### DEM SIE IHM GEBEN.
### NICHT MEHR UND NICHT WENIGER.

Sie arbeiten an sich selbst. Also besteht Ihr Lebenssinn gerade
darin, Blockaden zu beseitigen und sich für Neues zu öffnen.
Das hört sich doch äußerst sinn-voll an.

# Heute ist Ihr Glückstag

Können Sie beschreiben, wie sich Glück anfühlt? Wann sind Sie glücklich und wie spüren Sie das? Empfinden Sie sich selbst als Glückskind? Oder geht es Ihnen wie meiner Klientin Gaby, die einmal sagte: „Das Glück kennt mich nicht."

Ein trauriger Glaubenssatz, nicht wahr? Als ich weiter fragte, um wen das Glück einen großen Bogen mache, antwortete sie: „Um die Kämpfertruppe." An diesen zwei Sätzen können Sie sehr gut erkennen, dass Gaby glaubt, allen anderen stehe Glück zu, nur ihr nicht. Ihre Äußerungen zeigen außerdem, dass sie schon sehr lange kämpft – seit sie ein kleines Mädchen ist. Gaby hatte keine glückliche Kindheit. Sie weiß, spürt und glaubt nicht, dass es ihr als Erwachsene zusteht, glücklich zu sein.

War unsere Kindheit schön, freudig und liebend, dann ist die Chance groß, dass wir Glück als festen Bestandteil unseres Lebens sehen. War unsere Kindheit aber geprägt von Krankheit, emotionaler Missachtung oder sogar Gewalt, ist das oft nicht so. Diese Menschen sehen alles durch einen grauen Filter, der das persönliche Glück trübt.

## Sie sind Ihr eigener Glücksbringer

Ich bin ein Glückskind, das weiß ich ganz genau. Schließlich hängt seit vielen Jahren eine Karte mit genau diesem Wort an meinem Kühlschrank. Und darauf klebt ein Foto von mir. Wie es dahin kam? Ganz einfach: Ich habe es selbst aufgeklebt. Und seitdem bin ich ein Glückskind.

War immer alles in meinem Leben toll? Nein, das konnten Sie in meinen Erzählungen nachlesen. Aber ich bin mir sicher, dass ich heute nicht der glückliche Mensch wäre, der ich bin, wenn ich nicht …

- … erlebt hätte, wie es ist, in einem lieblosen Zuhause aufzuwachsen,
- … über Jahre hinweg versucht hätte, meine Selbstliebe in der Außenwelt zu finden,
- … einen Großteil meines Lebens eher unbewusst gelebt hätte,
- … das Leid erfahren hätte, dass mir andere zugefügt haben.

Mein Lebensglück wird bestimmt noch auf das ein oder andere Hindernis stoßen. Aber ohne diesen Widerstand gäbe es weder Bewegung noch Weiterentwicklung. Auch mein persönliches Glücksgefühl verändert sich im Laufe des Lebens.

Ein Satz wird allerdings immer unverändert bleiben:

**MEIN GLÜCK BESTIMME ICH SELBST – NIEMAND SONST.
ES STEHT MIR ZU, GLÜCKLICH ZU SEIN.
EINFACH SO.
OHNE EINEN GRUND.
OHNE ETWAS GELEISTET ZU HABEN.**

# Ihr erster Schritt ins Glück

**Diese kleine Übung kann Sie dabei unterstützen,
Ihr Lebensglück von jetzt an wieder selbst zu bestimmen.
Denn dafür dürfen Sie sich bewusst werden,
dass sowohl Probleme als auch Lösungen vom
Menschen selbst gemacht werden.**

•

Wenn Sie in Ihrem Leben glücklich sein wollen, dann seien Sie es.
Der erste Schritt dahin ist der Entschluss dazu. Dazu vollenden Sie
nun folgenden Satzanfang und schreiben weitere Sätze dazu, die
alle diesen Satzanfang haben:

## ICH WÄRE NICHT DER MENSCH,
## DER ICH HEUTE BIN, WENN ICH NICHT …

## Jede Begegnung ist eine Lektion

Vor den Begegnungen, die Sie in Ihrem Leben machen sollen, können Sie sich nicht verstecken. Sie haben nur Einfluss darauf, wie Sie mit diesen Begegnungen umgehen. Ob diese Sie in Ihrer Lebensfreude und in Ihrem Glücksgefühl stören können oder nicht.

Dazu müssen Sie sich eines bewusst machen: Der Verlauf einer Begegnung hängt von Ihrer Haltung gegenüber einer Person ab. Das, was Sie als sogenannte Realität erleben, ist nur ein Spiegelbild dessen, was Sie innerlich empfinden.

Üben Sie sich in Dankbarkeit. Denn dann sind Sie umso empfänglicher für die Momente, die Ihnen signalisieren, dass Ihnen jede Begegnung etwas mitgeben möchte. Manchmal vielleicht einfach nur die Erkenntnis darüber, was Sie nicht mehr wollen und wie es von jetzt an stattdessen sein soll.

Erst wenn Sie Dankbarkeit für alle Begegnungen und Lektionen spüren, wenn Sie die Lernmöglichkeiten akzeptieren, die Ihnen da geboten werden, verabschieden Sie sich von dem Irrglauben, dass andere Menschen für Ihr Lebensglück zuständig sind.

**SIE LERNEN VON UND DURCH ANDERE –
ABER WIE SIE MIT DIESEN LEKTIONEN UMGEHEN,
DAS ENTSCHEIDEN ALLEIN SIE.**

## Die kleinen Momente des Glücks

Das Glück kommt manchmal auf leisen Füßen daher, daher nehmen wir es in unserer lauten Welt oft gar nicht mehr wahr. Es versteckt sich hinter kleinen Vorkommnissen. Solchen, die nicht mit Geld zu bezahlen sind. Mit Geld kaufen wir uns kein Glück, sondern immer nur eine Erfahrung. Das wahre Glück werden Sie erst erfahren, wenn Sie dankbar die kleinen Zeichen des Lebens wahrnehmen und zu schätzen wissen. Das ist auch der Unterschied zwischen selbst ernannten Glückspilzen und Pechvögeln. Glücks-pilze halten bewusst inne und nehmen kleine Momente wahr, um sie als Geschenk anzunehmen. Andere warten währenddessen mit starrem Blick vergeblich auf glücksbringende Lebenshilfe von außen.

Es ist schon sonderbar: Gerade Menschen, denen etwas Schreck-liches widerfahren ist, erleben manchmal ein tiefes und erfüllen-des Glück. Denn durch eine schwere Krankheit oder andere Schick-salsschläge müssen sie gezwungenermaßen innehalten. So gelangen viele von ihnen auf die stillen Pfade des Glücks, die sie vorher in der Hektik des Alltags nicht mehr wahrnahmen.

Genauso schnell wie es gekommen ist, kann das Glück auch wieder gehen. Wir müssen bereit sein, es wohlwollend ziehen zu lassen. Denn das Leben besteht nun mal aus Veränderungen. Nichts bleibt gleich. Auch das persönliche Glücksempfinden ver-ändert sich im Laufe des Lebens. Nach jedem Tief kommt ein Hoch, aber nach jedem Hoch kommt auch ein Tief.

Glück hat also wenig mit der beruflichen Karriere zu tun, mit einer gelungenen Partnerwahl oder einem schönen Haus. Glück ist kein Status, der von Gott oder vom Schicksal an einen ausgewähl-ten Kreis vergeben wird. Es ist ein fortlaufender Prozess, den wir nur tief in unserem Inneren spüren und zulassen können. Diesen Prozess kann jeder erfahren – wenn er bereit dazu ist.

Wie wäre es also, wenn Sie heute mal wieder etwas Schönes tun? Vielleicht einen kleinen Spaziergang im Grünen, ein Buch le-sen im Café, einen Kinofilm ansehen? Achten Sie darauf, wie es sich anfühlt. Spüren Sie Ihr inneres Lachen? Das kommt daher, weil ihr Körper spürt, dass Sie selbst für Ihr Glück verantwortlich sind.

### IHR HEUTIGES TAGESMOTTO LAUTET:

⇛→

**Ich begrüße mein Glück.**

# Üben Sie sich in Dankbarkeit

**Machen Sie es sich bequem und atmen Sie ein paar Mal ein und aus. Wenn Sie mögen, schließen Sie die Augen. Rufen Sie sich nun alle guten Dinge in Erinnerung, die Ihnen in den letzten 24 Stunden passiert sind. Erleben Sie diese Momente und die damit verbundenen Gefühle noch einmal.**

•

Nun denken Sie darüber nach, wie Sie in den letzten Tagen positiv zum Leben anderer beigetragen haben. Es geht bei dieser Übung nicht darum, nach einer bestimmten Situation zu suchen oder sich für eine zu entscheiden. Lassen Sie einfach alles kommen, was sich in dieser Übung bemerkbar macht. Nehmen Sie es dankbar an.

•

Erlauben Sie, dass sich in Ihrem Herzen, Ihrem Bauch oder sonst wo ein Gefühl der Dankbarkeit und Wertschätzung aufbaut. Für diese Situationen und für Ihr Dasein an sich.

•

Nehmen Sie nun die gesamte Woche und denken Sie in gleicher Weise darüber nach. Sollten sich negative Erinnerungen bemerkbar machen, schieben Sie sie sanft, aber nachdrücklich zur Seite. Sagen Sie: „Jetzt nicht."

•

Spüren Sie in sich hinein: Für welche Begegnungen und Situationen, die Ihnen in dieser Woche nicht zugesagt haben, können Sie trotzdem dankbar sein? Welche wertvolle Erkenntnis können Sie daraus für sich ziehen?

Seien Sie dankbar für diesen Moment. Für alle, die Sie schon erleben durften und die, die noch kommen. Uns werden immer wieder aufs Neue 24 Stunden zur Verfügung gestellt, aus denen wir das Beste machen können. Was für ein Geschenk.

•

Sie können auch bestimmten Menschen gedanklich Ihre Dankbarkeit zusenden. Und zwar nicht nur denen, die Sie schätzen oder lieben. Sondern auch denjenigen, die Sie noch als schwierig empfinden, die Sie ablehnen oder die Ihnen Probleme bereiten. Schicken Sie gerade diesen Personen mental einen dankbaren Gruß. Sie werden sehen, wie gut sich das anfühlt.

*Diese Meditation finden Sie als Hörversion auf meiner Webseite.*

# Ziehen Sie Ihr Fazit für diese Woche

Wenn Sie sich ausgiebig damit beschäftigt haben, was Sie von nun an alles akzeptieren wollen und was nicht mehr, sollte eine aufregende Woche hinter Ihnen liegen. Denn Entscheidungen wie diese bringen einiges ins Rollen ...

Ich weiß, dass das mit der Akzeptanz gar nicht so einfach ist. „Nimm es hin." Dieser Satz klingt simpel, lässt sich allerdings oft nur schwer in die Tat umsetzen. Aber es hilft nichts: Wenn Sie etwas loslassen wollen, dann dürfen Sie zunächst die Dinge akzeptieren, die Ihnen nicht passen. Es geht um Ihre persönliche Haltung zu bestimmten Situationen. Diesen Schritt kann Ihnen niemand abnehmen.

Ich kenne Menschen, die darauf bestehen, dass alles nach ihrem Willen läuft. Passt ihnen etwas nicht, sagen sie ganz tough: „Nein, das akzeptiere ich nicht. Das sehe ich nicht ein." Diese Menschen rackern sich ab ohne Rücksicht auf Verluste – bis die Umstände ihren Wünschen entsprechen. Das ist völlig in Ordnung. Aber nur, wenn sich der Aufwand und der Energieeinsatz lohnen. Viele bleiben allerdings auch verbissen am Ball, wenn längst klar ist, dass sich die Situation oder der Mensch nicht ändern werden. Dieser Endloskampf bringt dann mehr Unzufriedenheit als Seelenfrieden.

Sie sollten meine Einstellung dazu mittlerweile erkannt haben: Jeder erwachsene und mündige Mensch ist für sich selbst verantwortlich. Für das private, berufliche und zwischenmenschliche Glück. Wir müssen für uns entscheiden, wie schwer oder leicht wir uns mit der Akzeptanz, der Veränderung und dem Lebensglück tun.

## Was wäre, wenn ...?

Ich biete Ihnen nun wieder die sechs Was-wäre-wenn-Fragen an. Sie können sie nutzen, um sich bewusst zu machen, welche Denkmuster Sie bereits losgelassen haben und welche Ihr Glück noch stören.

- Was wäre, wenn ich mich so annehmen würde, wie ich bin?
- Was wäre, wenn ich endlich aus meinem Drama-Dreieck aussteige?
- Was wäre, wenn ich nicht mehr jedem gefallen wollen würde?
- Was wäre, wenn ich bestimmten Menschen verzeihen würde?
- Was wäre, wenn ich wirklich für die Veränderung bereit wäre?
- Was wäre, wenn ich mein Glück ab sofort selbst in die Hand nehme?

Stellen Sie sich bitte vor, Sie würden jeden dieser sechs Vorsätze umsetzen und in den nächsten Wochen nichts anderes tun, als an ihrer Realisierung zu arbeiten. Wie würde sich Ihr Leben verändern? Wie viel besser würde es Ihnen dann sowohl körperlich als auch geistig und seelisch gehen?

Ich habe heute mal wieder zwei Tagesmottos für Sie. Das erste dient dazu, die Ablehnung gegen alles, was Ihnen nicht gefällt, loszulassen. Das bedeutet nicht, dass Sie Dinge festhalten sollen, die Sie nicht wollen. Sondern, dass Sie sich besser von Ihren ablehnenden Gedanken und Gefühlen lösen können. Um bestimmte Umstände in Ihrem Leben aus einer neutralen Sicht heraus zu betrachten.

### DAS ERSTE MOTTO LAUTET DAHER:

➤━━━

**Ich lasse von der Ablehnung los.**

Das zweite Motto hilft Ihnen dabei, sich selbst zu verzeihen. Und zwar all das, was Sie getan oder unterlassen haben. All das, was Sie gesagt oder leider nicht gesagt haben. Denn auch Worte und Handlungen, die wir unterlassen haben, können Schaden anrichten. Dafür dürfen Sie sich selbst verzeihen.

### BEHERZIGEN SIE DAS ZWEITE MOTTO:

### Ich verzeihe mir.

Natürlich können Sie sich aus diesen zwei Vorgaben auch jeweils ein anderes Tagesmotto gestalten. Eines, das genau Ihre Stimmung widerspiegelt.

## Gefühle als Warnsignale

Welche Denkmuster stören noch Ihr Glück? Gibt es alte Automatismen, die sich so verfestigt haben, dass Sie sie gar nicht mehr auf ihre Richtigkeit hin überprüfen? Ich hoffe, der Rückblick auf die vergangene Woche hilft Ihnen bei der Beantwortung dieser Fragen. Denn wir alle haben die Wahl, unser Leben positiv denkend und fühlend zu verbringen – oder eben nicht. Niemand kann uns zum einen oder anderen zwingen, es ist unsere eigene Entscheidung. Wir bestimmen, ob wir etwas aus einem positiven Blickwinkel sehen möchten oder nicht. Wir legen fest, ob wir für etwas dankbar sein wollen oder nicht. Dazu haben wir jeden Tag mehrmals die Möglichkeit.

Menschen streben nach Weiterentwicklung, nach Wachstum, nach der Entfaltung ihrer Fähigkeiten. Wir sollten dabei aber nicht maßgeblich an Geld oder die Anhäufung von Besitztümern denken. Was uns guttut, ist die Weiterentwicklung zu einem Wesen der Güte, der Hilfsbereitschaft, der Demut, der Liebe, der Freude und der Dankbarkeit. All das sind Eigenschaften, die aus uns einen erfolgreichen und liebevollen Menschen machen. Und diese Eigenschaften tragen wir alle in uns. Wir müssen sie nur rauslassen.

Sie wollen wunderbare Momente erfahren? Die Leichtigkeit des Augenblicks spüren und sich an ihm erfreuen? Dann dürfen Sie auf die Qualität Ihrer Gedanken achten. Ihre Gedanken sind gefärbt von Ihren Gefühlen – und umgekehrt. Immer wiederkehrende Gefühle täuschen nicht. Sie ploppen auf, um Sie auf etwas aufmerksam zu machen. Es gibt da anscheinend etwas, das nicht gut für Sie ist und verändert werden sollte. Von Ihnen.

**Schauen Sie sich Ihre Gefühle genau an. Suchen Sie ihre Wurzel und kümmern Sie sich darum. Nur dann wird das ungute Gefühl vergehen. Und nur dann können Sie voller Enthusiasmus den nächsten Schritt in die Zukunft machen.**

KLEINE
AUFGABE

Häufige positive Gefühle wie Freude, Liebe, Zuversicht und Zufriedenheit zeigen Ihnen, dass Sie vorwiegend in einer akzeptierenden und dankbaren Haltung leben. Diese Emotionen tragen Sie und helfen Ihnen dabei, Ihr Leben so zu formen, dass es Ihnen weiterhin Spaß macht. Kommt doch mal ein dunkler Moment, lassen Sie es zu. Akzeptieren Sie es. Die Palette der Gefühle ist bunt.

## WAS WÄRE, WENN SIE DAS VON JETZT AN TUN WÜRDEN?

# Hallo Gefühl, hallo Gedanke

**Machen Sie es sich bequem und
schließen Sie die Augen, wenn Sie mögen.**

•

Konzentrieren Sie sich jetzt auf Ihre Gedanken. Begrüßen Sie
jeden Gedanken mit einem „Hallo Gedanke" und verabschieden
Sie sich wieder von ihm, indem Sie innerlich zu sich sagen:
„Auf Wiedersehen Gedanke." Gehen Sie inhaltlich nicht auf Ihre
Gedanken ein und bewerten Sie sie auch nicht als gut oder schlecht.

Beobachten Sie, wie Ihre Gedanken kommen und gehen.
So wie Ihr Atem kommt und geht,
kommen und gehen auch Ihre Gedanken.

•

Konzentrieren Sie sich jetzt auf Ihre Gefühle. Nehmen Sie sie
einfach nur wahr. Begrüßen Sie jedes Gefühl mit einem
„Hallo Gefühl" und verabschieden Sie sich wieder von ihm,
indem Sie innerlich zu sich sagen: „Auf Wiedersehen Gefühl."
Gehen Sie inhaltlich nicht auf Ihre Gefühle ein und
bewerten Sie diese auch nicht als gut oder schlecht.
Akzeptieren Sie einfach nur das, was ist.

•

Durch diesen Moment der Achtsamkeit nehmen Sie Ihren gegen-
wärtigen Gefühlszustand wahr. Bejahen Sie ihn. Bejahen Sie sich.
Bejahen Sie das, was Sie nicht ändern können. Und lassen Sie von
dem los, was Ihr Leben verlassen will.

*Diese Meditation finden Sie als Hörversion auf meiner Webseite.*

# 3

## Selbstbewusstsein
### Verwandeln Sie einen Mangel in Ihre große Stärke

Nutzen Sie die nächsten sieben Tage,
um an Ihrem Auftreten, Ihrer Haltung und
Ihren Zielen zu arbeiten. Verlassen Sie Ihre
Komfortzone Schritt für Schritt und
entdecken Sie die großartige Welt,
die schon lange auf Sie wartet.

# So pushen Sie Ihr echtes Selbstbewusstsein

Was verstehen Sie unter Selbstbewusstsein? Empfinden Sie jemanden als selbstbewusst, der sich vorlaut in die erste Reihe drängelt? Der vehement auf seiner Meinung beharrt? Der mit lauter Stimme spricht und alle Aufmerksamkeit auf sich zieht?

Haben Sie eine dieser Fragen mit Ja beantwortet? Dann liegen Sie leider falsch – wie so viele. Denn Selbstbewusstsein hat nichts mit resolutem oder lautem Auftreten zu tun. Auch wenn das viele meinen. Schauen Sie mal genau hin, denn Selbstbewusstsein besteht aus drei Wörtern.

## SELBST  BEWUSST  SEIN

Selbstbewusstsein bedeutet also nichts anderes, als sich seiner Selbst bewusst zu sein. Es bedeutet, zu seinem Selbst und zu seinem Sein klar und deutlich Ja zu sagen.

Sie glauben, dass Sie kein Selbstbewusstsein besitzen? Damit liegen Sie abermals falsch. Denn in dem Moment, in dem Sie sagen, Sie besäßen kein Selbstbewusstsein, haben Sie es. Sie sind sich Ihrer Selbst bewusst: Sie erkennen sehr genau, dass es einen Mangel gibt – einen Mangel an Wissen darüber, wer Sie eigentlich genau sind. Vielleicht tragen Sie schon lange eine Maske. Aus Angst davor, Ihr wahres Gesicht zu zeigen.

## Wenn das Ego sich profilieren will ...

Nur weil manche Menschen scheinbar sehr selbstbewusst auftreten, bedeutet das noch lange nicht, dass sie auch ein gesundes
Selbstbewusstsein haben. Vielleicht haben sie einfach nur ein
großes Ego, das sich aus Angst, zu kurz zu kommen, besonders
profilieren will.

Unser Ego ist an sich nichts Schlechtes. Es ist eine Art Antreiber,
der uns dazu bringt, unsere Ziele zu erreichen. Aber das Ego darf
mit klarer Hand geführt werden, damit es nicht übermütig, rück-
sichtslos, vorlaut oder respektlos handelt. Ich etwa kenne mein
Ego mittlerweile sehr genau und merke schnell an meiner Stimmung, ob ich gerade im Ego-Modus bin oder aus Selbstliebe
heraus(re)agiere. Im Ego-Modus habe ich schlechte Laune, bin
genervt und mache mir unnötig Sorgen. Bin ich aber im Selbst-
liebe-Modus und habe mein Ego gut im Griff, ist meine Laune bes-
tens: Ich fühle mich unbeschwert, lache viel und schaue voller
Freude in die Welt hinaus.

Natürlich gelingt auch mir das nicht immer, doch das
ist völlig normal. Wir Menschen haben nun mal Gedanken und
Gefühle verschiedenster Qualitäten. Aber wir können lernen, diese
in eine positive Richtung zu lenken.

## Zähmen Sie Ihren „Affengeist"

Ich kann meinen täglichen „Monkey Mind" (Affengeist) inzwischen
viel besser bändigen als früher. Ich bleibe nicht mehr an jedem
Gedanken hängen und muss auch nicht jedes Gefühl ausleben.
Ich erkenne früh, wenn mein Ego mal wieder meint, eine Show
hinlegen zu müssen.

Sollte es Ihnen noch schwerfallen, sich vom täglichen Gedanken- und Gefühlskarussell zu lösen, sind die Übungen in dieser Woche perfekt für Sie. Denn mit ihrer Hilfe turnt Ihnen Ihr Ego nicht mehr so einfach auf der Nase herum. Außerdem werden Sie merken, wie Ihr Selbstbewusstsein von Tag zu Tag klarer und stärker wird.

In dieser Woche lade ich Sie ein, sich jeden Tag mit Ihrem Selbstbewusstsein zu beschäftigen.

**Was meinen Sie: Bei wie viel Prozent (von 0 bis 100) steht es gerade? Und wo, wenn Sie sich diese Frage am Ende der Woche noch einmal stellen? (Sie werden erstaunt sein, wie viel selbstbewusster Sie sich bereits nach diesen sieben Tagen fühlen.)**

 KLEINE AUFGABE

Sollte es Ihr Bestreben sein, sich immer zu 100 Prozent selbstbewusst zu fühlen? Ja! Denn das bedeutet, dass Sie jederzeit ganz bei sich sind und genau merken, wann es Ihnen aus welchen Gründen wie geht. Kann es sein, dass es Tage geben wird, an denen das nicht klappt? Natürlich! Aber das ist auch kein Drama. Je intensiver Sie sich damit beschäftigen, wie Sie sich fühlen, was Sie denken und was Sie tun, desto klarer werden Sie sich darüber, wer Sie sind. Und wer Sie in Zukunft nicht mehr sein möchten.

## Echtes Selbstbewusstsein entsteht nicht durch Feedback

Häufig machen wir unser Selbstbewusstsein am Feedback unserer Mitmenschen fest. Doch das ist eine böse Falle: Denn viele ertragen kein selbstbewusstes Gegenüber. Vor allem Menschen mit stark ausgeprägtem Ego dulden es nicht, wenn jemand nicht dazu bereit ist, ihrer Meinung zu folgen. Daher wird schon mal versucht, das Selbstbewusstsein anderer negativ zu beeinflussen.

Sollten Sie solche Situationen erlebt haben, so lassen Sie diese von jetzt an nicht mehr zu. Natürlich wollen wir wissen, wie wir rüberkommen. Aber es kann nicht sein, dass jemand anderes außer uns bestimmt, wie wir uns zu fühlen haben, was wir denken oder wie wir uns verhalten.

Ihr Selbstbewusstsein entsteht durch Ihre Beobachtung und Ihre Selbstreflexion. Es ist aus der Persönlichkeit gewachsen, die Sie bisher verkörpert haben. Sie wünschen sich ein gesünderes, stärkeres Selbstbewusstsein? Dann beschäftigen Sie sich mit Ihrer Person. Dabei helfen Ihnen die Übungen in dieser Woche.

# Ihre Ziele für ein neues Ich

Sie haben sich in den letzten 14 Tagen mit Ihrer Wahrnehmung bezüglich vergangener und gegenwärtiger Situationen beschäftigt und angefangen, sich und andere immer öfter zu akzeptieren. Also ist heute ein guter Tag, um einen Blick in die Zukunft zu werfen und sich Ziele zu setzen. Dafür dürfen Sie sich folgende Fragen stellen:

## WER BIN ICH? UND WAS WILL ICH EIGENTLICH?

Die Antworten helfen Ihnen dabei, klare Ziele zu definieren. Sobald Sie diese festgelegt haben, können Sie sich an die Umsetzung machen. Und je mehr Ihnen das gelingt, desto selbstbewusster werden Sie. Denn wir Menschen definieren uns immer darüber, was wir erreichen und was nicht.

Bevor Sie jedoch kleinere Teilziele festlegen, sollten Sie erst einmal über das große Ziel nachdenken, das Sie verfolgen. Was ist der Sinn Ihres Lebens? Grundsätzlich ist der Sinn des Lebens immer der, den Sie ihm geben. Viele Menschen verzweifeln dennoch an dieser Frage, weil sie glauben, sie müssten eine bombastische Antwort darauf geben. Aber wenn Sie meinen, dass Ihr Lebenssinn darin besteht zu arbeiten, in den Urlaub zu fahren, mit Freunden auszugehen und Spaß zu haben, ist das völlig in Ordnung. Niemand hat darüber zu urteilen, was Sie für sinnvoll halten – und was nicht. Grundsätzlich dürfen Sie sich eines merken: Wir alle suchen nach dem Sinn hinter unserem Tun.

## Öffnen Sie sich für Herzensaufgaben

Es geht bei Ihrer Lebensaufgabe nicht darum, irgendwo anzukommen. Sie sind bereits angekommen – und zwar bei sich. Das sind

Sie seit Ihrer Geburt. Es geht in Ihrem Leben darum, dass Sie sich für Aufgaben öffnen, die Ihr Herz berühren. Herausforderungen, die Sie von dem heilen können, was Sie vielleicht als persönlichen Misserfolg oder Verlust ansehen. Herausforderungen, die Sie für das empfänglich machen, was die Welt, die Menschen und vor allem Sie selbst brauchen. Diese Herausforderungen pushen Ihr Selbstwertgefühl, Ihr Selbstvertrauen und Ihre Selbstliebe. Es geht darum, dass Sie durch Ihre diversen Lebensaufgaben erfahren und entdecken, wer Sie sind und wer Sie noch sein möchten.

Worum es im Leben wirklich geht? Um Beziehungen. Wir sind niemals allein, auch wenn sich das manchmal so anfühlen mag. Unser Ego suggeriert uns dieses Gefühl der Einsamkeit. Weil es nur um sich selbst kreist und ihm andere schnuppe sind. Doch so funktioniert unser Alltag nicht. Und je mehr wir uns dessen bewusst werden, desto besser können wir den wahren Lebenssinn erkennen. Desto klarer werden die Aufgaben und Ziele, für die wir auf diese Erde gekommen sind.

Erlauben Sie es der Sehnsucht in Ihnen, sich zu äußern. Lassen Sie Ihre innere Weisheit Ihr Wissen in Worte fassen, um so eine Verbindung zu dem herzustellen, was Sie einzigartig macht. Sie wissen mittlerweile, dass Sie nicht da sind, um sich zu vergleichen. Sie sind so einzigartig wie jeder andere Mensch auch. Das dürfen Sie sich gerne immer wieder sagen. Anstatt darauf zu warten, dass Ihre Mitmenschen es tun.

Es kann natürlich sein, dass Sie immer noch glauben, gar nichts zu können. Dass es in diesem Leben keine besondere Aufgabe für Sie gibt. Dass Sie hässlich sind. Dass keiner Sie mag. Aber lassen Sie sich von mir sagen: Sie sind wichtig für unsere Welt. Sie sind dazu geschaffen, sie als außergewöhnliche und einzigartige Blume zu bereichern. Aber diese Blume muss mit viel Liebe gepflegt werden, damit sie wachsen kann.

# Was macht Ihren Alltag sinn-voll?

**Nutzen Sie die heutigen zehn Minuten, um sich zu überlegen, was Sie unter dem Sinn des Lebens verstehen. Schreiben Sie Ihre Gedanken gleich hier auf.**

•

Ist es Ihnen wichtig, etwas Sinnvolles zu tun oder etwas Bleibendes zu erschaffen? Können Sie das durch Ihre aktuelle Lebensführung erreichen?

•

Oder wollen Sie einfach glücklich sein? Glauben Sie wie der griechische Philosoph Aristoteles daran, dass Glück „das maximale Streben aller menschlichen Wesen" ist und damit den Sinn des Lebens darstellt? Falls ja: Was haben Sie bisher für Ihr Lebensglück getan? Und was noch nicht?

•

Haucht die Liebe Ihrem Leben den meisten Sinn ein? Falls Sie nicht in dem Maße geliebt werden, wie Sie es sich wünschen, gibt es einen anderen Weg, um Ihre Sehnsucht zu erfüllen? Um zu lieben und geliebt zu werden?

## So bleiben Sie auf Kurs

Es gibt keine Garantie dafür, dass Sie Ihre Ziele erreichen. Aber ich garantiere Ihnen, dass Sie nichts im Leben erreichen, wenn Sie sich keine Ziele setzen. Durch meine Arbeit als Coach weiß ich, wie wichtig Ziele für das persönliche Selbstbewusstsein sein können.

### DAHER GEBE ICH IHNEN HEUTE FOLGENDES TAGESMOTTO MIT AUF DEN WEG:

### ⇛⟶

### Ich bleibe dran an meinen Zielen.

Beim Ansteuern eines Ziels gibt es allerdings einige Aspekte zu beachten. Leider überprüfen nämlich zu wenige Menschen ihre Ziele auf ihre Realisierbarkeit. Was zu Unzufriedenheit führt statt zur Erfüllung. Das Gefühl des Scheiterns nagt am Selbstbewusstsein und lässt den ein oder anderen schneller vom Kurs abkommen als gedacht.

Um einigermaßen sicherzustellen, dass Sie Ihre Ziele auch erreichen können, müssen Sie sich bewusst machen, wie Sie sich beim Durchlaufen der Zielgeraden überhaupt fühlen möchten. Und was dieser Moment für Ihr weiteres Leben bedeutet.

Ist es Ihr Ziel, ein volles Bankkonto zu haben? Das hört sich natürlich erst mal erstrebenswert an. Aber die viele Arbeit, durch die Sie das erreichen, bedeutet wahrscheinlich auch: weniger Zeit für Hobbys und Familie. Weniger Zeit für gesunde Ernährung. Weniger Zeit, um sich zwischendurch zu regenerieren. Weniger Energie für Sport. All dies sind Begleiterscheinungen, die viele Menschen vorab nicht bedenken. Oder sie insgeheim befürchten und daher ihr Ziel nur halbherzig verfolgen. Was dann natürlich wieder zu Missmut führt ...

## Verbissenheit ist ein Verhinderer

Woran lag es, dass Sie irgendwann mal ein Ziel nicht erreicht haben? An unzureichender Planung? An Ihren Mitmenschen? Oder vielleicht auch an Ihrer Verbissenheit?

Sobald wir uns auf ein Ziel fokussieren, schicken wir unsere Gedanken und Gefühle in die Zukunft. Oder in die Vergangenheit, weil wir abgleichen wollen, was wir bisher richtig oder falsch gemacht haben. Wir sind dadurch oft hektisch und verkrampft.

Dabei ist das, was uns wirklich weiterbringt, eine heitere Gelassenheit. Eine entspannte Haltung, gepaart mit Begeisterung, hilft uns dranzubleiben, wenn es schwierig wird. Diese Haltung ist der Schlüssel zu einem erfolgreichen und sinnvollen Leben. Fühlen Sie sich von etwas inspiriert! Wenn Sie etwas noch nicht sehen oder erahnen können, bedeutet das nicht, dass es nicht da ist. Dass es sich nicht noch entfalten kann. Die Frage ist immer, ob Sie daran glauben. Es geht um Ihr Vertrauen in sich und in das Leben.

Ziele können Ihnen dabei helfen, Ihr Selbstvertrauen zu stärken. Sie können es aber auch schwächen. Nämlich dann, wenn Dinge nicht so eintreffen, wie Sie es sich vorgestellt haben. In dem Moment ist es interessant zu schauen, wie Sie bisher mit Problemen umgegangen sind. Welche Strategie Sie bisher verfolgt haben. Und ob diese Strategie auch diesmal die richtige ist. Denn wir Menschen neigen dazu, ein einmal erfolgreiches Verhalten auf alles anzuwenden. Doch nicht jedes Problem lässt sich auf dieselbe Art und Weise lösen. Und genau in solchen Momenten können wir erkennen, wer wir sind. In solchen Situationen können wir feststellen, welche Gedanken und Gefühle uns verzweifeln, ausrasten oder lähmen lassen.

Ob etwas gelingt oder nicht, weiß niemand von uns genau. Wir können unsere Ziele visualisieren und mit der positivsten Haltung der Welt an eine Idee herangehen. Dennoch kann etwas schiefgehen. Je mehr wir uns mit unseren Erfolgen identifizieren, desto mehr tun wir es auch mit unseren Misserfolgen. Je öfter wir uns aber in der Gegenwart aufhalten und von dieser Position aus unsere Ziele mit einer gewissen Portion Gelassenheit betrachten, desto leichter tut sich ein Weg auf – oder sogar viele neue Wege.

## Vertrauen Sie auf Ihre innere Weisheit

Sie sind allen Herausforderungen gewachsen, sobald Sie sich auf sie einlassen. Herausforderungen machen Ihnen nur Angst, wenn Sie sie nicht annehmen. Vertrauen Sie Ihrer inneren Weisheit. Freunden Sie sich mit ihr an. Stellen Sie ihr konkrete Fragen und lauschen Sie auf die Antworten.

**Woher Sie wissen, dass diese Antworten von Ihrer inneren Weisheit kommen? Sind sie liebevoller Natur, stammen sie direkt von Ihrem höheren Selbst, das Sie auf Ihrem ganzen Weg begleitet, damit Sie durch diese Herausforderungen des Lebens sich selbst erfahren können. Und über sich hinauswachsen können.**

MEINE
ERKENNTNIS

Sind die Antworten dagegen nicht liebevoll, so kommen sie von der irrationalen Angst in Ihnen. Und die ist kein guter Berater.

# Nah- und Fernziele festlegen

Die nächsten zehn Minuten sind dazu da, alle Ziele
aufzuschreiben, die Sie als sinnvoll und erstrebenswert
empfinden. Dazu schreiben Sie in die Felder der Tabellen-
Kopfzeile Kategorien wie Beruf, Freizeit, Familie,
Freunde, Kunst/Kultur, Reisen, Zeit für mich ...
Eben alle Lebensbereiche, die Ihnen wichtig sind.

•

| | | | | |
|---|---|---|---|---|
| In einer Woche erreichen | | | | |
| In einem Monat erreichen | | | | |
| In einem Jahr erreichen | | | | |

Die Frage ist: Wo wollen Sie beruflich, zwischenmenschlich oder rein geografisch in einer Woche, einem Monat, einem Jahr sein? Und wie wollen Sie sich dann fühlen? Tragen Sie in jedes Feld auch eine Emotion ein, die Sie mit dem Erreichen des jeweiligen (Zwischen-)Ziels verbinden. Denn damit machen Sie Ihre Wünsche für Ihr Unterbewusstsein greifbarer. Ein großer Motivator.

•

Machen Sie sich Folgendes bewusst:
Was Sie nicht anfangen, können Sie auch nicht zu Ende bringen.
Womit wollen Sie also heute anfangen?

# Lob stimmt

Es gibt ein Sprichwort, das ich überhaupt nicht mag. Es lautet: „Eigenlob stinkt" und suggeriert, dass Lob an sich etwas Negatives oder Heuchlerisches ist. Dieses Sprichwort jagt uns ein schlechtes Gewissen ein – und zwar jedes Mal, wenn jemand etwas Positives über uns sagt. Warum, frage ich mich? Schließlich ist die Fähigkeit, Lob anzunehmen und auszusprechen, sehr wichtig für unser Selbstbewusstsein und Selbstvertrauen. Unsichere Menschen haben nicht nur ein Problem damit, kritisiert zu werden. Es kommt ihnen auch komisch vor, wenn jemand sich ihnen gegenüber anerkennend äußert. Sie glauben dann, man wolle etwas Bestimmtes von ihnen oder wolle sie veräppeln. Denn: Es darf nicht sein, was nicht sein kann.

Der Verstand schaut auch sehr gerne auf die eigenen Fehler und Defizite. Wer sich also nicht gut genug, schön genug oder überhaupt genug fühlt, glaubt daher auch anderen oft kein Wort. Dabei meinen die es häufig nur gut.

Haben Sie Probleme, eine Wertschätzung anzunehmen? Dann stellen Sie sich doch bitte einmal folgende Fragen:

- Wer lobt Sie: Ihre Eltern? Ihr Arbeitgeber? Ihr Partner?
- Wer soll und muss Sie loben, tut es aber nicht?
- Wessen Lob ist Ihnen egal?
- Können Sie selbst gut Lob verteilen? Oder fällt es Ihnen schwer, weil Ihr unsicheres Ich dann Neid empfindet?

Das Problem ist: Je unsicherer Sie sich noch fühlen, desto riskanter erscheint Ihnen Ihr weiterer Lebensweg. Schließlich wissen Sie noch nicht einmal, mit welcher inneren Haltung Sie durch den Alltag schreiten sollen. In Ihrem Kopf tauchen Fragen auf wie: Habe ich es überhaupt verdient, gelobt zu werden? Kann ich ein Lob mit einem einfachen Danke annehmen?

## Wie Susanne sich selbst schwächte

Meine Klientin Susanne berichtete mir in einer Sitzung, dass sie sich noch gut daran erinnern kann, wie sie als Kind einmal besonders schön den Frühstückstisch gedeckt hat. Ungeduldig wartete sie auf ihre Eltern. Als ihr Vater kam, schaute er sich den Tisch kurz an und meinte dann: „Schön gemacht. Aber glaube nur nicht, dass du deswegen jetzt etwas Besonderes bist."

Durch dieses und weitere Erlebnisse mit ihrem Vater wurde Susannes Selbstbewusstsein im Laufe der Zeit immer kleiner. Denn er gab ihr zu verstehen: Du bist zwar okay, aber nicht herausragend. Und das Gefühl, etwas Tolles geleistet zu haben, wurde regelmäßig mit ein paar harten Worten kaputt gemacht. Es war der Erziehungsstil ihres Vaters, wodurch sich bei Susanne Gedanken der eigenen Wertlosigkeit einnisten konnten.

Ich finde: Ein Kind darf und sollte gelobt werden – ob es den Tisch nun besonders schön deckt oder nur „normal". Schließlich erleben wir Erwachsene es sehr oft, dass vieles, was wir tun, als Selbstverständlichkeit abgetan wird. Innerlich hoffen wir doch alle darauf, auch einmal genau dafür gelobt zu werden.

Susanne tat als Kind alles dafür, gelobt zu werden. Im Erwachsenenalter setzte sich dieser Wunsch fort: Sie bemühte sich sehr, ihrem Mann das Leben schön zu machen. Sie hielt ihm viele häusliche Aufgaben vom Hals, weil er einen anstrengenden Job hat. Dafür erhoffte sie sich natürlich insgeheim das ein oder andere Lob – und war dementsprechend frustriert, wenn er ihr Handeln nicht gebührend würdigte oder sich gar nicht äußerte.

Susanne bemühte sich daraufhin noch mehr und schwächte selbst ihr Selbstbewusstsein immer weiter, indem sie sich immer mehr von einem externen Lob abhängig machte. Sich selbst zu loben und die eigenen Leistungen anzuerkennen, kam ihr nicht in den Sinn.

Geht es Ihnen ähnlich wie Susanne? Dann sollten Sie das heutige Tagesmotto ganz besonders oft in Gedanken vor sich hersagen.

**IHR TAGESMOTTO HEUTE:**

**Ich lobe mich.**

## Ein bisschen Frieden

Solange Sie nicht dazu fähig sind, Gutes über sich selbst zu sagen, fällt es Ihnen vermutlich auch schwer, lobende Worte anderer Menschen zu akzeptieren. Oder Sie loben andere extrem oft – immer in der Hoffnung, im Gegenzug auch mal einen Brotkrumen des Lobes abzubekommen.

Wie lässt sich das ändern? Indem Sie sich darum kümmern, mit sich selbst immer öfter zufrieden zu sein. Denn wenn Sie mit sich zufrieden sind, loben Sie sich automatisch.

Es müssen nicht immer hochtrabende Sätze sein wie „Das hast du toll gemacht", „Du bist ein großartiger Mensch" oder „Die Aufgabe hast du perfekt erledigt". Aber lassen Sie das positive Gefühl sich selbst gegenüber doch einfach immer öfter zu. Fangen Sie an, mit sich und Ihrem Leben zufrieden zu sein. Ja, im Frieden zu sein. Denn wenn Sie diesen inneren Frieden spüren, macht Sie das zu einem erfolgreichen Menschen. Und: Wenn Sie beginnen, sich und Ihr Leben zu loben, fällt es Ihnen leichter, Ihren Mitmenschen positive Worte mit auf den Weg zu geben. Sind Sie selbst zufrieden, wollen Sie dieses Gefühl auch anderen zukommen lassen.

Wenn Sie Zufriedenheit ausstrahlen, werden Sie öfter gelobt werden. Nehmen Sie solche netten Worte und Gesten dann einfach mal mit einem Danke an, statt sich selbst mit einer Aber-Antwort abzuwerten.

# Wofür können Sie sich auf die Schulter klopfen?

Ziehen Sie in den kommenden zehn Minuten ein Lob-Resümee: Schreiben Sie alle Ihre Leistungen auf, mit denen Sie zufrieden sind. Das können große sein, aber auch ganz kleine. So führen Sie sich vor Augen, dass es eine Menge Dinge gibt, für die Sie sich auf die Schulter klopfen können. Vielleicht haben Sie es sich gestern Abend besonders gemütlich gemacht? Vielleicht haben Sie Ihre Wohnung mit viel Liebe aufgeräumt, um sich darin so richtig wohlzufühlen? Oder vielleicht haben Sie einfach mal keinen Finger gerührt, weil das längst mal überfällig war? Auch das ist ein Lob wert.

## Nicht warten, machen

Loben Sie sich mit gutem Gewissen selbst. Das Leben ist nämlich viel zu kurz, um sich nicht mit sich selbst wohlzufühlen. Wir alle haben nur eine gewisse Zeit zur Verfügung. Wir sollten sie sinnvoll nutzen und füllen, anstatt darauf hinzuarbeiten, von anderen geschätzt zu werden.

Ich für meine Person habe keine Lust, am Ende meines Lebens zurückzuschauen und festzustellen, dass ich mich viel zu sehr vom Lob anderer Menschen abhängig gemacht habe. Die Fragen, die ich mir immer öfter stelle, lauten deshalb:

- Was war am heutigen Tag gut? Was habe ich Gutes getan – mir oder anderen?
- Mit wem habe ich ein tolles Gespräch geführt?
  Wem habe ich gut zugesprochen, wen motiviert?
- Mit wem habe ich etwas geteilt?
- Womit fühle ich mich bei mir selbst wohl?
- Wie gut habe ich mich und meine Mitmenschen behandelt?

Das sind die Dinge, die mir wichtig sind. Und wenn ich abends im Bett positive Antworten auf diese Fragen geben kann, spare ich nicht an Eigenlob.

## Ihre Quelle der guten Gefühle

Eigenlob ist Ihre innere Quelle der guten Gefühle. Zapfen Sie sie an. Und treten Sie Ihrem inneren Kritiker selbstbewusst mit vielen positiven Worten entgegen. Je öfter Sie sich loben, desto mehr sehen Sie die Schönheit des Lebens – und zwar nicht nur an den Tagen, an denen alles glatt läuft und Sie mit sich zufrieden sind. Sie sehen sie dann auch in den Momenten, in denen Ihnen Fehler unterlaufen. In denen Sie etwas tun oder sagen, für das Sie sich hinterher kritisieren.

In der Abendübung auf den nachfolgenden Seiten erinnern Sie sich an eine Situation, in der Sie sich unwohl gefühlt haben. Nicht um das Geschehene im Nachhinein zu verändern oder ein unrechtes Verhalten rückgängig zu machen. Sondern um zu erkennen, dass Sie ein Mensch sind, dem Fehler unterlaufen. Deswegen sind aber Sie selbst nicht fehlerhaft.

**Es ist okay, sich mal zu kritisieren. Aber Sie müssen sich auch loben können. Und das geht besser, indem Sie sich mit einem liebevollen Blick betrachten. Auch oder gerade in Situationen, in denen Sie sich über sich selbst ärgern.**

MEINE
ERKENNTNIS

Jeden Tag kann es Ihnen gelingen, Ihr Leben mit Freude zu betrachten, um so voll des Lobes für sich und andere zu sein.

# Ein Blick aus der Sternenperspektive

**Machen Sie es sich bequem, schalten Sie alle Störgeräusche um sich herum aus und lassen Sie sich mit einem guten Gefühl auf diese Meditation ein.**

•

Atmen Sie ein und aus. Mit jedem weiteren Atemzug lassen Sie mehr innere Ruhe und Präsenz für den Augenblick zu.

•

Denken Sie nun voller Liebe an einen Menschen in Ihrem Leben. Aus der Vergangenheit, der Gegenwart – egal. Es kann sich auch um Ihr geliebtes Haustier handeln. Es geht darum, das Gefühl der Liebe, das Sie für ein bestimmtes Wesen empfinden, in Ihrem Körper spürbar werden zu lassen. Lassen Sie dieses liebende Gefühl durch Ihren gesamten Körper pulsieren.

•

Sitzen Sie ganz still, begrüßen Sie diesen schönen Moment und denken Sie nun an eine Situation, für die Sie sich bisher noch kritisiert haben. Lassen Sie sie vor Ihrem geistigen Auge lebendig werden. Versuchen Sie, diese Situation aus der Perspektive der Sterne am Himmel zu sehen. Aus diesem Blickwinkel erscheint nämlich vieles überhaupt nicht so schlimm oder peinlich, wie Sie es vielleicht empfunden haben.

•

Erkennen Sie nun, was Ihnen damals gefehlt hat,
um die Situation anders zu meistern? Beobachten Sie
sich selbst aus der Ferne und senden Sie sich das Gefühl
der Liebe zu, das gerade durch Ihren Körper strömt.
Als ob Sie sich selbst eine Sternschnuppe der Liebe
mit Lichtgeschwindigkeit zusenden würden.

•

Breiten Sie diese Liebe auch auf Ihr ganzes Leben aus.
So, wie Sie es bisher gelebt haben – mit allen Vorkommnissen
und Entscheidungen. Denn immer dann, wenn Sie diese
Liebe für sich und Ihr Leben empfinden, sind Sie auch
bereit dazu, sich für sich selbst einzusetzen.

*Diese Meditation finden Sie als Hörversion auf meiner Webseite.*

# Schenken Sie sich ein Lächeln

Was sehen Sie, wenn Sie in den Spiegel schauen? Eine mürrische Miene? Sorgenfalten auf der Stirn? Dann legen Sie doch mal einen besseren Start in den Tag hin, indem Sie sich einen liebevollen und selbstbewussten Blick schenken.

Die Liebe ist selten bedingungslos. Es gibt meist mindestens ein Kriterium, das erfüllt sein muss, damit dieser Prozess funktioniert. Auch beim eigenen Körper. Wir sagen Dinge wie „Wenn ich längere Beine hätte, dann …", „Wenn ich nicht so viele Falten hätte, dann …" oder „Wenn ich weniger Bauchumfang hätte, dann …".

Ja, was dann? Das sind Oberflächlichkeiten, die nicht wirklich etwas mit Ihnen und Ihrem Dasein als Mensch zu tun haben. Der Körper ist streng genommen eine Hülle, die die Organe schützt. Es ist wichtig, dass Sie ihn gut behandeln, weil dann die Chance größer ist, dass Sie lange und gesund leben. Aber man sollte den Körper auch nicht zu sehr in den Mittelpunkt stellen.

Wussten Sie, dass es keine hässlichen Menschen gibt? Es gibt nur Menschen mit einem Mangel an Selbstbewusstsein, die auf sich oder andere schauen und etwas als hässlich bezeichnen. Damit sie sich selbst besser oder überlegen fühlen. Traurig, nicht wahr?

## Hören Sie nicht auf Ihr Ego

Vielleicht waren Sie bisher die meiste Zeit darauf bedacht, auf andere Körper zu schielen und sich mit ihnen zu vergleichen. Doch auch wenn Ihre Nase krumm ist, Ihre Beine zu kurz sind oder Sie sich mit schlechter Haut herumquälen: All das wird nicht besser, wenn Sie Ihren Körper nicht akzeptieren und neidisch anderen hinterherblicken.

Ihr Ego will Ihnen weismachen, dass Sie sich vergleichen müssen. So kann es Sie im Gefühl des Getrennt- und des Andersseins gefangen halten. Das Ego redet Ihnen ein, dass Sie sich durch Schönheitsoperationen, Diäten oder ein exzessives Sportprogramm nicht mehr so einsam fühlen. Es lässt Sie glauben, dass Sie zum „Club der Schönen und Wichtigen" gehören, wenn Sie sich mehr um Ihr Äußeres kümmern als um Ihr Inneres. Aber der Erfolg, den Sie durch ein hübsches Äußeres erlangen, hilft Ihnen nicht bei Ihrer inneren Heilung. Es wird Sie nur umso mehr stressen, je älter Sie werden und je mehr das schönere Äußere vergeht.

Ich weiß, wovon ich spreche. Schließlich habe ich mir jahrelang einen Körper herbeigesehnt, den ich nicht habe und auch nie haben werde. Mittlerweile mag ich die Unproportioniertheit meines Körpers, meine kaum vorhandene Oberlippe, meine feinen, glatten Haare und auch die ersten Zeichen des Älterwerdens, die sich an meiner Haut ablesen lassen.

## Ein liebender Blick in den Spiegel

Ich bitte Sie nun um Folgendes: Stellen Sie sich vor einen Spiegel und erkennen Sie Ihre wahre Schönheit. Schauen und spüren Sie genau hin. Seien Sie dankbar für das, was Sie entdecken – so fehlerhaft es in Ihren Augen bisher auch gewesen sein mag. Denken Sie darüber nach, wie viel angenehmer und leichter Ihr Leben sein kann, wenn Sie Ihren Körper so akzeptieren, wie er ist. Sobald Sie ihm dankbar dafür sind, dass er die Hülle ist, die Sie schützt. Er vollbringt tagtäglich eine enorme Leistung.

Sagen Sie sich selbst, dass es gut ist, dass Sie hier sind. Dass Sie die Möglichkeit haben, sich im Spiegel zu betrachten und sich zu spüren. Dass Sie sich über Ihr schönes Lächeln ausdrücken können. Dass Sie den Mut besitzen, sich zu verändern. Dass Sie überhaupt die Chance haben, sich ändern zu können. Dass Sie dankbar sind für sich. Einfach so. Egal, wie andere Menschen das sehen. Nehmen Sie Ihre innere und äußere Schönheit an.

Die heutige Morgenübung wird Ihnen dabei helfen, so richtig zu strahlen. Und denken Sie immer daran: Niemand hat das Recht, Sie als hässlich, minderwertig oder dergleichen zu bezeichnen. Dieses Recht haben nur Sie. Doch wenn Sie dieses Recht für sich nutzen, fragen Sie sich bitte gleichzeitig, wozu Sie das tun. Um sich dadurch besser zu fühlen? Wohl kaum. Es sollte Ihr Bestreben sein, sich mit Ihrem Leben gut zu fühlen, in sich zu ruhen und Ihren Körper zu schätzen. Er trägt Sie nämlich durch Ihr gesamtes Leben, also behandeln Sie ihn gut.

### DAHER LAUTET IHR HEUTIGES TAGESMOTTO:

➤——

### Ich behandle meinen Körper liebevoll.

Sagen Sie diesen Satz so oft wie möglich laut oder leise vor sich her. Schreiben Sie ihn auf ein Post-it und kleben Sie dieses an eine Stelle, an der es Ihnen häufig ins Auge fällt. Je öfter Sie den Satz sagen, desto mehr glaubt Ihr Unterbewusstsein daran.

Es existiert keine Trennung zwischen Körper, Geist und Seele. Wenn Sie sich selbst nicht wertschätzen, können Sie auch Ihren Körper nicht wertschätzen. Sie werden immer etwas an sich entdecken, das Ihnen missfällt, solange Sie nicht bewusst und liebevoll mit sich umgehen.

Hören Sie damit auf, Ihren Körper zu schinden, zu bekämpfen oder zu misshandeln. Betrachten Sie ihn nicht als Aushängeschild. Er ist nicht dafür geschaffen, etwas darzustellen, was Sie gar nicht sind. Gönnen Sie ihm die Ruhepausen, die er braucht, und hören Sie auf, sich selbst als schwach zu bezeichnen, weil er nicht so funktioniert, wie Sie es gerne hätten.

# Knipsen Sie Ihr inneres Licht an

**Setzen oder legen Sie sich hin. Nehmen Sie ein paar tiefe Atemzüge und atmen Sie ganz entspannt ein und aus.**

•

Die nächsten zehn Minuten brauchen Sie nichts anderes zu tun, als sich auf die einzelnen Bereiche Ihres Körpers zu konzentrieren. Zunächst kommt Ihr Kopf dran: Stellen Sie sich vor, wie Sie darin eine Lampe anknipsen – so, als ginge Ihnen ein Licht auf. Lassen Sie Ihren Atem für eine Minute ganz entspannt durch Ihren Kopf strömen.

•

Dann wandert dieses Licht begleitet von Ihrem Atem hinunter in Ihren Brustkorb, Ihre Arme und die Hände. Lassen Sie eine Minute lang ganz bewusst Ihren Atem dorthin fließen. Dann gleitet Ihr inneres Licht mit dem Atem zusammen in Ihren Bauch. Genießen Sie eine Minute die Aufmerksamkeit, die Sie Ihrem Bauch schenken. Dann geht's weiter zu Ihren Beinen und Füßen. Auch hier eine Minute lang ganz entspannt weiteratmen.

•

Die letzten 60 Sekunden schicken Sie Ihren Atem und das Licht in Ihren gesamten Rücken und genießen die Entspannung.

•

Wie geht es Ihnen jetzt?
Fühlt sich Ihr Körper anders an?
Besser? Besonderer?

*Diese Meditation finden Sie als Hörversion auf meiner Webseite.*

Gehen Sie mit diesem schönen, warmen und angenehmen Licht durch den Tag. Strahlen Sie von innen heraus und lassen Sie Ihre Mitmenschen daran teilhaben. Denn Ihr Licht hat eine positive Auswirkung auf alle(s) um Sie herum. Wenn Sie bedingungslos strahlen, trauen sich auch immer mehr Menschen, ihr eigenes inneres Licht anzuknipsen und leuchten zu lassen. Natürlich verändert es auch Ihre innerliche und äußerliche Haltung: Sie werden aufrechter gehen und stehen als bisher. Sie werden Ihren Mitmenschen offen in die Augen schauen und dadurch nicht nur mehr Schönheit entdecken, sondern sich selbst in ihrem Blick spiegeln können. Wie wunderschön Sie doch aussehen. Ich kann es von hier aus sehen.

## Schließen Sie Frieden mit Ihrem Körper

Sobald Sie dazu bereit sind, Ihren Körper so zu akzeptieren, wie er ist, wie er aussieht, sich bewegt, sich anfühlt und funktioniert, ist es für Sie ein Leichtes, ihn und seine Veränderungen zu lieben. Denn vielleicht meinen Sie, dass Sie gern anders aussehen würden, während es eigentlich darum geht, dass Sie sich besser fühlen möchten. Ein anderes Aussehen gibt Ihnen dafür keine Garantie.

Die eigene Eitelkeit und das ständige Herummäkeln an sich selbst sind kein guter Nährboden für eine gesunde und glückliche Zukunft. Was Sie stattdessen brauchen, sind Selbstliebe, Respekt, Dankbarkeit und eine Portion Unbeschwertheit. Sie brauchen Selbstakzeptanz, die Ihnen dabei hilft, mit sich zufrieden zu sein. Ein permanentes Vergleichen hilft dabei auf gar keinen Fall.

Es ist höchste Zeit, mit Ihrem Körper und Ihrem Aussehen Frieden zu schließen. Es ist höchste Zeit, sich von Verhaltensweisen zu trennen, die das unmöglich machen, wie ungesunder Ernährung, negativen Selbstgesprächen und Lieblosigkeit gegenüber sich selbst. Nutzen Sie die Abendübung, um sich mit einem neuen Selbst-Bewusstsein zu betrachten.

# Ein kleiner (aber wichtiger) Dankesbrief

**Setzen Sie sich an einen ruhigen Ort und schreiben Sie einen Dankesbrief an Ihren Körper. Beginnen Sie ihn zum Beispiel mit den Worten: „Mein lieber Körper, schon so lange wollte ich dir einmal schreiben und mich bei dir bedanken. So viele Jahre trägst du mich durch mein Leben …"**

•

Beenden Sie den Tag danach mit einem zufriedenen Gefühl, indem Sie noch etwas Schönes machen oder einfach mal früher als sonst ins Bett gehen.

•

## Mein lieber Körper,

# So viel Kraft steckt schon in Ihnen

Eines sollten Sie immer im Hinterkopf haben: Je intensiver wir uns mit einer Sache befassen, desto größer ist ihr Einfluss auf uns. Wir machen uns täglich über so viele Vorfälle, Aussagen oder Situationen (vergangene und aktuelle) Gedanken und betrachten sie wie durch ein Vergrößerungsglas. Dadurch erscheint vieles wichtiger und schlimmer, als es eigentlich ist.

Leider legen wir den Fokus zu oft auf Schwachstellen – auch, was unser Selbstbewusstsein angeht. Dabei sollten wir uns lieber darauf konzentrieren, was wir alles können. Heute geht es genau darum: dass Sie herausfinden und realisieren, wie viel Power bereits in Ihnen steckt.

**DAHER GEBE ICH IHNEN FOLGENDES TAGESMOTTO MIT:**

**Ich bin stark.**

## Selbstbewusstsein ist Ansichtssache

Es kann sein, dass Sie nicht der Norm entsprechen und zum Beispiel als Frau nicht 1,67 Meter groß sind oder als Mann nicht 1,80 Meter. Vielleicht haben Sie schiefe Zähne, spärliche Haare, eine knubbelige Nase oder zu kurze Beine. Auf mich trifft einiges davon zu: Mit 1,62 m bin ich weitaus kleiner als der Durchschnitt, meine Haare sind dünn, die Nase kommt eher kräftig daher und meine Beine wirken im Verhältnis zum Oberkörper viel zu kurz. Doch wie sieht es mit meinem Selbstbewusstsein aus? Sehr gut, würde ich sagen. Denn ich war mir immer schon meiner selbst bewusst. Früher fokussierte ich mich allerdings auf das, was ich nicht kann, was ich nicht bin und was mir nicht an mir gefällt. Im Laufe der Jahre habe ich dann aber erkannt, dass ich meine Gedanken- und Gefühlskraft auch in eine ganz andere Richtung lenken kann – wenn ich will.

Ich veränderte also mein Augenmerk, damit ich mich mit und in mir besser fühlen konnte. Nachdem ich akzeptiert hatte, wer ich damals war, konzentrierte ich mich darauf, wer ich sein wollte. Ich filterte die Dinge heraus, die ich ändern konnte, und akzeptierte das, woran sich nichts drehen lässt. Meine zu kurzen Beine zum Beispiel.

## Warum ich damit aufhörte, gefallen zu wollen

Vor Jahren lebte ich in einer Beziehung, die auf Dauer nicht gut für mich war. Zum damaligen Zeitpunkt sah ich das natürlich nicht so. Ich tat alles, um meinem Partner zu gefallen, und kümmerte mich voller Inbrunst darum, dass es ihm gut ging. Er blühte dank meiner Unterstützung auf – während ich verwelkte wie eine Blume ohne Wasser. Ich kuschte, verfolgte keine eigenen Ziele mehr und fühlte mich nur noch wie eine Assistentin in meinem eigenen Leben. Es kam der Augenblick, als ich in den Spiegel schaute und zu mir selbst sagte: „Kim, du hast überhaupt kein Selbstbewusstsein mehr."

Mein Partner trennte sich ein paar Monate später von mir. Damals war ich am Boden zerstört, heute bin ich ihm dankbar dafür. Denn ich hätte diesen Schritt nicht gewagt – obwohl er unabdingbar war. Nach unserem Beziehungsaus fing ich endlich an, mich ganz bewusst um mich zu kümmern. Ich machte mich wieder „gerade", was auch dringend notwendig war.

Unser Leben dreht sich immer genau um die Dinge, für die wir unsere Energie einsetzen. Je bewusster wir mit dieser Fokussierung umgehen, desto besser kann unser Alltag verlaufen.

## Besonders Frauen tappen in die Falle

Leider sind es sehr oft Frauen, die sich für andere Menschen (vorzugsweise Männer) aufopfern. Sie kümmern sich nicht um ihr eigenes Lebensglück, sondern um das ihrer Liebsten. Es fühlt sich ja auch gut an, wenn man für jemand anderen etwas getan hat und dessen Freude darüber zu spüren bekommt. Lob und Dank machen uns ein gutes Gefühl.

Doch das ist nur ein äußerliches Glück. Solange wir uns innerlich und mit uns selbst nicht gut fühlen, können alle Danksagungen der Welt nichts daran ändern. Das Einzige, was passiert: Die Gier nach dem kurzen Gefühlskick, den uns ein Lob oder ein Dank verschaffen, wächst mit jedem Mal. Der äußere Erfolg, die Anerkennung von außen, nach der wir so oft streben, kann die Verletzung des inneren Kindes jedoch nicht heilen. Heilen können wir es nur durch unsere Anerkennung, die wir uns selbst geben.

Unser Einfluss darauf, wie sich jemand anderes fühlt, ist übrigens äußerst gering. Eine anfängliche Euphorie kann schnell verpuffen. Denn ist auch der andere unzufrieden mit sich selbst, hält die Wirkung unserer Taten nicht lange an.

**NIEMAND KANN IHNEN DAS BEWUSSTSEIN FÜR SICH SELBST GEBEN.**

➡

**Das muss jeder ganz persönlich für sich entdecken.**

## Durch Körperhaltung punkten

Es gibt viele Studien zum Thema Körperhaltung und Körpersprache. Unsere tägliche Kommunikation besteht nämlich nicht nur aus dem, was wir sagen. Auch unser Auftreten spielt eine wichtige Rolle. Durch unsere Mimik, unsere Gesten, unsere Kleidung und unsere Körperhaltung kommunizieren wir nonverbal. Ununterbrochen und meist ohne es bewusst wahrzunehmen.

> Ist Ihnen schon mal aufgefallen, dass Sie sich kleiner machen, wenn es Ihnen nicht so gut geht? Und dass Sie besonders aufrecht gehen oder stehen, wenn Sie mit sich selbst zufrieden sind? Wenn Sie also souveräner und stärker auftreten wollen, als Sie sich vielleicht gerade fühlen, dann ist eine entsprechende Körperhaltung das A und O. Ich bin klein und eher zart gebaut. Aber durch mein selbstbewusstes Auftreten kann ich viele übertrumpfen, die mich größenmäßig überragen.

AUF EINEN
BLICK

Durch die heutige Morgenübung können Sie sehr gut feststellen, welchen Einfluss eine kraftvolle und gerade Körperhaltung auf Ihr Bewusstsein und Ihre Außenwirkung hat.

# Das Power-Posing

**Nutzen Sie die nächsten zehn Minuten, um vor einem Spiegel verschiedene Haltungen auszuprobieren.**

•

Stellen Sie sich erst einmal so hin,
wie Sie sich gerade fühlen – ohne sich zu verstellen.
Welche Gefühle können Sie an Ihrer Gestik und Mimik ablesen?

•

Dann lassen Sie die Schultern nach unten fallen
und ziehen die Mundwinkel nach unten.
Versuchen Sie so, in eine gute Stimmung zu kommen.
Gelingt es Ihnen?

•

Recken Sie nun die Hände Richtung Decke –
so weit Sie können, aber lassen Sie Ihre Füße fest auf dem Boden.
Lächeln Sie sich an. Versuchen Sie nun,
schlechte Laune zu bekommen.
Klappt das?

•

**Eine letzte Pose:** Stellen Sie sich aufrecht vor den Spiegel
und ziehen Sie Ihre Schultern leicht nach hinten.
Spüren Sie, wie Ihre Füße gut mit dem Boden verwurzelt sind,
und stellen Sie sich vor, Ihr Kopf sei mit einem
durchsichtigen Faden mit der Decke verbunden.
Lächeln Sie. Wie fühlt sich das an?

## Das passiert in Ihrem Gehirn

Achten Sie einmal darauf, wie sich Ihre Körperhaltung verändert, sobald Sie von etwas berichten, das Sie emotional belastet. Diese Körperhaltung beeinflusst wiederum, wie Sie sich fühlen: zum Beispiel unsicher, traurig, überfordert.

Unser Gehirn ist veränderbar, das nennt man neuronale Plastizität. Alles, was wir denken, fühlen, sagen und tun, beeinflusst diesen Vorgang. Wenn wir unsere Aufmerksamkeit auf etwas Bestimmtes richten und dementsprechend leben, entstehen neuronale (nervliche) Verknüpfungen. Das funktioniert in eine positive Richtung, aber auch in eine negative.

Sie können diese Prozesse in Ihrem Gehirn beeinflussen, indem Sie Ihre Gedanken und Gefühle in die Richtung lenken, die Sie empfinden wollen. Es wird Ihnen nämlich nicht gelingen, sich gut zu fühlen und Spaß zu haben, wenn Sie sich mit Grabesmiene hinsetzen und stundenlang grübeln.

## Zehn Prozent müssen sein

Allerdings halte ich den Satz „Immer positiv denken, dann wird schon alles gut" für fatal. Denn das würde ja bedeuten, dass all die Menschen, die in einer depressiven Episode stecken oder eine schweren Krise erleben, einfach nur nicht in der Lage sind, positiv zu denken.

Wir dürfen immer vorsichtig sein mit Extremen. Ich selbst bin ein positiv denkender und fühlender Mensch – zu geschätzt 90 Prozent. Ich habe meine Denkweise und innere Einstellung dahingehend trainiert. Aber es gibt auch zehn Prozent in mir, die mal sauer sind. Oder ungeduldig. Oder traurig. Die zweifeln. Und das ist auch völlig in Ordnung so.

Es sollte nicht Ihr Ziel sein, immer fröhlich zu sein. Das schafft keiner. Man muss Traurigkeit oder Ärger zulassen können – und dann wieder loslassen. Solche Phasen ändern nichts an einer positiven Grundhaltung. Sie können ein stabiles Selbstbewusstsein nicht erschüttern.

## Nutzen Sie die Kraft Ihres Unterbewusstseins

Um es ganz deutlich zu sagen: Sie sind Ihrer Vergangenheit – und dazu zählen auch Krisen, depressive Episoden und so weiter – genauso wenig ausgeliefert wie alten Familienfotos. Geben Sie solchen Geschehnissen nicht die Macht über Ihre Zukunft.

> **Es gibt einen Trick, mit dem Sie Ihr Unterbewusstsein zu Ihrem Zukunftsassistenten machen. Das funktioniert, indem Sie ihm die Richtung vorgeben, in die Sie sich immer öfter bewegen wollen. Das gelingt, indem Sie gedanklich noch einmal Situationen durchspielen, die aus Ihrer Sicht schiefgelaufen sind. Patzer Ihrerseits können Sie dann nachträglich korrigieren – zumindest mental.**

MEINE
ERKENNTNIS

Diese Korrekturen helfen Ihnen dabei, sich in Zukunft besser und selbstbewusster zu präsentieren. Denn wenn Sie Ihre Erinnerungen so belassen, wie Sie sind, kann es Ihnen passieren, dass Sie beim nächsten Mal schon mit einem unguten Gefühl in eine ähnliche Situation hineingehen. Indem Sie die Situation im Geiste noch einmal erleben und Kleinigkeiten wie Haltung, Stimme und Mimik positiv und stärkend verändern, können Sie bei der nächsten Gelegenheit viel selbstbewusster auftreten.

# Bauen Sie Korrekturen ein

**Machen Sie es sich bequem. Zentrieren Sie sich ganz auf sich. Es gibt für Sie nichts anderes zu tun, als ganz im Augenblick zu sein.**

•

Machen Sie sich eine Situation bewusst, in der Sie sich nicht so verhalten haben, wie Sie es gerne gehabt hätten.

•

Sie werden nun an der Situation selbst nichts verändern – weder an der Umgebung noch an den Personen, die daran beteiligt waren. Sie verändern nur Ihr Verhalten.
Und zwar so, dass Sie sich danach besser damit fühlen.

•

Werden Sie zum Beobachter Ihrer eigenen Person:
Schauen Sie zurück auf sich und die vergangene Situation.
Was können Sie an sich selbst nachträglich verändern?
Vielleicht ja unter anderem Ihre Körperhaltung: Befanden Sie sich zum Zeitpunkt des Geschehens in einer selbstbewussten Power-Pose? Wie war Ihr Gesichtsausdruck? Wie Ihre Gesten?
Wie fest und selbstbewusst klang Ihre Stimme?

•

Lassen Sie das gesamte Geschehen noch einmal vor Ihrem geistigen Auge vorbeiziehen und modifizieren Sie nach und nach all die Punkte, die Ihnen nicht gefallen. Lassen Sie sich selbst zum Schluss mit einem anderen und besseren Gefühl aus der Situation gehen, als Sie es im echten Moment verspürt haben.

•

Spielen Sie das wieder und wieder durch –
so lange, bis Sie sich gut damit fühlen.

# Ihre Formeln für eine positive Zukunft

Warum können in unserem Kopf überhaupt Glaubenssätze entstehen, die unserem Lebensglück im Wege stehen? Manchmal handelt es sich dabei um eine Art Schutzmechanismus. Denn je stärker und intensiver ein Glaubenssatz gelebt wird, desto mehr Schutz bietet er uns auch. Wir können uns hinter ihm verschanzen. Manchmal liegt es auch am falschen Fokus. Und manchmal passiert es einfach, weil wir nun mal Gewohnheitstiere sind.

Aber erst mal eine Frage an Sie: Wie sieht es mit Ihrer Grundeinstellung zum Leben aus? Ist sie eher positiv oder negativ? Glauben Sie im Großen und Ganzen daran, dass Sie in dieser Welt zurechtkommen und dass Sie von Ihren Mitmenschen gemocht werden? Oder haben Sie das Gefühl, ständig gegen Hürden und Hagelstürme ankämpfen zu müssen?

Wir haben alle eine Einstellung zu uns selbst und zur Welt. Diese Einstellung entwickelt sich aus den Glaubenssätzen, die uns seit der Kindheit begleiten. Die sind wie ein eingefärbtes Glas, durch das wir die Welt sehen – und sie so für real halten.

## Die Kraft des Glaubens

Glaubenssätze sind persönliche Richtlinien, an denen wir festhalten und nach denen wir handeln. Es sind tief verankerte Überzeugungen. „Die Welt ist gut" ist zum Beispiel so ein Glaubenssatz, genauso wie „Nur die Harten kommen in den Garten" oder „Ich bin meines Glückes Schmied". Wir übernehmen diese Glaubenssätze von Bezugspersonen und überprüfen sie selten, sobald sie einmal zu unserem festen Weltbild gehören.

Wenn sich starke Gedanken mit intensiven Gefühlen verbinden, hinterlassen sie in unserem Gehirn Nervenwege, die durch Wiederholung immer breiter werden. Ein schmaler Feldweg verwandelt sich so mit der Zeit in eine fünfspurige Autobahn. Je weniger wir negative Gedanken wiederholen, desto weniger wird diese Autobahn befahren. Durch positive Gedanken und Gefühle lassen sich neue Wege anlegen, die unser Gehirn dann stattdessen benutzt.

Wissenschaftler haben herausgefunden, dass das menschliche Gehirn in jedem Alter noch neue neuronale Verbindungen (also Nervenwege) erschaffen kann. Das sind doch gute Aussichten, oder?

## Welche Glaubenssätze haben Sie?

Sie und ich, wir tragen alle neben positiven auch negative Glaubenssätze in uns. Das ist prinzipiell nicht schlimm. Schließlich ist es wichtiger, worauf wir vermehrt unseren Fokus richten. Auf etwas, das wir nicht können? Oder auf das, was an uns gut ist, was uns gelingt?

Auch selbstbewusste Menschen haben Glaubenssätze, die besagen, dass sie etwas nicht können, nicht haben oder nie erreichen werden. Aber im Gegensatz zu unsicheren Menschen akzeptieren sie, was sie nicht können, und fokussieren sich lieber auf das, was geht. Menschen mit wenig Selbstbewusstsein richten ihre Aufmerksamkeit auf ihre Schwächen und räumen diesen daher viel mehr Raum ein, als sie verdienen. Dadurch entstehen im Kopf vermehrt negative Glaubenssätze.

Wenn Sie in Prozentzahlen ausdrücken müssten, wie oft am Tag Sie gute Gedanken und Gefühle sich selbst gegenüber hegen und wie oft schlechte – wie würde Ihr Ergebnis lauten? Vielleicht 40/60? Oder sogar 20/80? Stellen Sie sich mal vor, wie sich dieses ungleiche Verhältnis auf Ihr weiteres Leben auswirkt. Welche Entscheidungen treffen Sie dadurch morgen, nächste Woche, nächsten Monat oder im kommenden Jahr? Und wollen Sie das?

## So bezwang Susanne ihre Angst vor dem Krebs

Meine Klientin Susanne kam zu mir, weil sie sich schon seit Längerem Sorgen machte, dass sie Brustkrebs bekommen könnte. Ihre Gedanken und Gefühle drehten sich täglich um dieses Thema. Als zweifache Mutter malte sie sich aus, wie es wäre, nicht nur an Krebs zu erkranken, sondern daran zu sterben. Wie würden ihre Kinder ohne sie zurechtkommen? Wie würde es ihrem Mann ergehen? Ein Horrorszenario. Das Susanne noch dadurch verstärkte, indem sie sich mehrmals pro Tag vor den Spiegel stellte, ihre Brüste betrachtete und nach Unregelmäßigkeiten abtastete. Dabei hatte sie grundsätzlich immer eine positive Einstellung zum Leben. Und sie spürte, dass sie sich diese mit ihren permanenten Krebssorgen kaputt machte. Ich erklärte ihr, dass ihre negativen Gedanken sie nicht davor schützen würden, Brustkrebs zu bekommen. Dass sie das Thema also ruhig zuversichtlicher angehen könne.

Es gibt viele Menschen, die mir eröffnen, dass sie lieber negativ als positiv an eine Sache herangehen. Eine beliebte Erklärung dafür: „Dann bin ich nicht so enttäuscht, wenn es wirklich so kommt." Aber ist das so? Ich fragte Susanne, ob sie nicht schockiert wäre, wenn sie eines Tages die Diagnose Brustkrebs erhalten würde. „Und wie", sagte sie. Durch diese Antwort erkannte sie, dass sie mit ihrer bisherigen Einstellung falsch gelegen hatte. Denn Schwarzmalerei kann uns nicht vor Enttäuschungen schützen. Permanentes Abtasten, Beobachten und Hineinfühlen in unseren Körper kann uns alle nicht wirklich vor Krebs oder einer anderen Krankheit schützen. Das tut übrigens auch kein positives Denken. Aber positives Denken kann uns dabei helfen, mit einer negativen Diagnose souveräner umzugehen, als panikartiges Denken.

Einige Wochen später erzählte mir Susanne, dass sie wieder einen MRT-Termin gehabt hatte. Das Ergebnis: Es war nicht nur alles okay, die Anzahl der Knötchen hatte sich auch noch halbiert. „Ich habe mir dieses Mal vorab kaum Sorgen über den Ausgang der Untersuchung gemacht", berichtete Susanne stolz. Als der Arzt ihr die guten Neuigkeiten überbrachte, sei kurz der Impuls hochgekommen, doch wieder negative Gedanken zu entwickeln, damit die Enttäuschung bei der nächsten Untersuchung nicht so groß sei. „Als mir das durch den Kopf ging, musste ich schmunzeln", sagte Susanne. Inzwischen tastet sie ihre Brust so ab, wie ihr Arzt es ihr empfiehlt und nicht ihre vorherigen negativen Gedanken. Sie hat sich durch diesen bewussten Umgang mit ihren Gedanken und Gefühlen erfolgreich von diesem Zwang befreit. Und es ist für sie ein enormes Mehr an Lebensqualität.

## Sorgen als Schutzmechanismus

Es gibt Menschen, die sich selbst als Versager beschimpfen. Dadurch machen sie sich zwar ganz schön runter. Ihr Verhalten ist aber auch eine Art Schutzmechanismus. Schließlich muss man sich als Versager nichts trauen. Nichts riskieren, nichts Neues anfangen. Es wird sowieso in die Hose gehen. Eine ziemlich bequeme Situation.

Ich fragte Susanne auch, wofür sie die negativen Gedanken zu ihrer Brust gebraucht habe. Und wir kamen gemeinsam auf eine spannende Antwort: Dadurch lenkte sie sich von ihren eigentlichen Problemen ab, vor allem von den Problemen in ihrer Ehe.

Unsere Glaubenssätze sind nicht in Stein gemeißelt. Wir dürfen sie immer wieder auf ihre Richtigkeit und ihren Mehrwert überprüfen. Machen Sie das heute einmal in der Morgenübung. Gibt es Sätze, die Ihnen auch in Zukunft hilfreich zur Seite stehen sollen? Und solche, die Sie nicht mehr verwenden wollen?

### IHR HEUTIGES TAGESMOTTO LAUTET:
➤➤➤

**Ich bestimme, woran ich glaube.**

# Werfen Sie Ihre Angstsätze von Bord

**Jeden Morgen stehen wir auf und starten mit einer bestimmten Gefühlslage in den Tag. Die kann angst-, aber auch liebevoll sein. Wie sieht es bei Ihnen aus? Beginnen Sie den Tag mit Angst oder Liebe? Sollte es bisher meistens die Angst gewesen sein, so beantworten Sie sich doch mal folgende Fragen:**

•

Wovor fürchte ich mich?

•

Woher kommt dieses Gefühl?

•

Welcher Glaubenssatz versteckt sich dahinter?

•

Wer wäre ich ohne meine angstmachenden Gedanken?

Woran würde ich erkennen, dass ich keine Angst mehr habe?

•

Nachdem Sie Ihre Angstmacher-Glaubenssätze herausgefiltert haben, nehmen Sie sie zunächst einmal an. Ärgern Sie sich nicht darüber, schließlich standen Ihnen diese Sätze in der Vergangenheit auch schon hilfreich zur Seite – sonst hätten Sie sie nicht.

•

Schreiben Sie die Glaubenssätze auf, die Ihre Lebensqualität einschränken. Formulieren Sie sie so um, dass daraus unterstützende Formeln entstehen – vielleicht erst mit Bleistift, um sie im Laufe der nächsten Tage weiter zu verändern und zu verfeinern.

## Traurige Erfolge

Es ist leicht, sich auf das Negative im Leben zu fokussieren. Besonders dann, wenn wir das schon eine Zeitlang getan haben und die ersten „Erfolge" feiern konnten. Denn es ist doch ein Triumph, wenn das, was wir uns ständig prophezeien, schließlich genauso eintrifft, oder? Daher wundere ich mich manchmal, dass Menschen enttäuscht sind, wenn ihre negativen Visionen Realität werden.

Dabei ist es doch recht leicht, sich eine positive Sicht anzugewöhnen und diese beizubehalten. Allerdings müssen Sie dafür Ihre bisherigen Glaubenssätze unter die Lupe nehmen und sie abändern. Falls Sie nun entgegnen, dass dies aber enorme Energie und Zeit kostet, kann ich Ihnen nur entgegnen, dass es Sie auch enorme Energie und Zeit kostet, sich weiterhin nicht so selbstbewusst und gut zu fühlen, wie Sie es sich eigentlich wünschen. Oder?

Natürlich können Sie alle Zeitabschnitte in Ihrem Leben verdrängen, die Sie weiterhin nicht wahrhaben wollen. Schließlich wissen Sie ja nicht, was eine aktive Veränderung in Ihrem Leben wirklich bringen würde. Außerdem kennen Sie Menschen, die positiv denken und starke Glaubenssätze haben, die aber dennoch von Schicksalsschlägen getroffen werden. Gehen Ihnen gerade solche oder ähnliche Gedanken durch den Kopf? Das ist alles richtig so. Es hat auch nie jemand behauptet, dass positives Denken vor Verlusten oder Verletzungen jeglicher Art schützt. Aber es hilft definitiv dabei, mit Vorfällen wie diesen besser umzugehen.

Merken Sie sich bitte grundsätzlich eines: Negative Gedanken und angstmachende Gefühle können ganz große Lügner sein. Und es liegt an uns, sie als solche zu entlarven. Soll Ihnen das jetzt etwa Angst machen? Auf keinen Fall! Es soll Sie darin bestärken, Ihr Leben so intensiv wie möglich wahrzunehmen. Sich Ihrer selbst bewusst zu werden und endlich Glaubenssätze über Bord zu werfen, die Sie nicht mehr weiterbringen.

## Wie Claudia die Leichtigkeit entdeckte

Als meine Klientin Claudia mich zum ersten Mal besuchte, wollte sie sich von ihrer destruktiven Haltung lösen – das gelang ihr durch unsere Sitzungen auch erfolgreich. Danach verlief ihr Alltag wunderbar, sie wurde schwanger und war sehr glücklich. Eines Tages shoppte sie mit ihrem Mann Babysachen. Sie stand selig in der Babyabteilung, bis ihr mit einem Mal ein unguter Gedanke durch den Kopf schoss: „Darf mein Leben wirklich so einfach und leicht sein? Sicher passiert bald was Schlimmes."

Sie kam wieder zu mir und wir besprachen diesen Satz, den sie mit folgendem Argument untermauerte: „Auf jedes Hoch folgt ein Tief." Ich fragte sie, woher diese Erkenntnis stamme. „Na, das ist doch nun mal so", antwortete Claudia. Ich wollte daraufhin wissen, welches Bild sie vor ihrem geistigen Auge sehe, wenn sie an den „Hoch-Tief-Satz" denke. „An meine Mutter", sagte sie da plötzlich.

Claudia erinnerte sich an diverse Telefonate. Jedes Mal, wenn sie ihrer Mutter erzählte, wie gut es ihr ging, sagte die den (Glaubens-)Satz, der sich bei Claudia eingebrannt hatte: „Auf jedes Hoch folgt ein Tief." Durch diese Formulierung wurde ihr Glücksgefühl für sie zu einer Last. Es löste bei ihr ein schlechtes Gewissen aus. Wie konnte Claudia sich auch leicht und unbeschwert fühlen, wenn ihrer eigenen Mutter das in ihrem Leben nie auf Dauer vergönnt gewesen war?

Ich machte mit Claudia eine Meditationsübung, die ihr dabei half, sich vom Glaubenssatz ihrer Mutter zu lösen – und sich trotzdem weiterhin mit ihr verbunden zu fühlen. Am Ende der Meditation hatte Claudia drei neue Glaubenssätze, die es ihr erlaubten, die Leichtigkeit ihres Lebens zu genießen. Wollen Sie es auch ausprobieren? Dann machen Sie die folgende Abendübung.

# Return to Sender

**Für diese Übung machen Sie es sich wieder schön bequem. Schalten Sie alles aus, was Sie in den nächsten zehn Minuten nicht brauchen, schließen Sie Ihre Augen und nehmen Sie ein paar bewusste, tiefe Atemzüge.**

•

Bitten Sie nun Ihr Unterbewusstsein, den Glaubenssatz hochkommen zu lassen, den Sie von jemand anderem übernommen haben. Ein Glaubenssatz, den Sie noch immer in sich tragen, den Sie aber nun nicht mehr brauchen, weil er nicht (mehr) zu Ihrem Leben passt.

•

Stellen Sie sich diesen Satz als ein einzelnes Wort oder komplett ausgeschrieben vor. Welches Symbol erscheint vor Ihrem geistigen Auge, das dieses Wort oder diesen Satz widerspiegelt?

•

Nehmen Sie dieses Symbol in die Hände und geben Sie es seinem rechtmäßigen Eigentümer zurück. Nämlich der Person, von der Sie diesen Glaubenssatz ungefiltert übernommen haben.

•

Sagen Sie dann: „Danke liebe/lieber …, ich brauche diesen Satz nicht mehr. Ich habe ihn lange Zeit mit mir herumgetragen. Aber mein Leben hat sich weiterentwickelt, er passt nun nicht mehr. Du kannst ihn zurückhaben."

•

➤→

Schauen Sie dabei zu, wie Sie der Person ihren Glaubenssatz
zurückgeben. Sie spüren, wie sich Erleichterung in Ihrem
Körper breitmacht. Weil eine Last von Ihnen genommen wird.

•

Horchen Sie nun in sich hinein und lassen Sie einen neuen,
für Sie besseren Glaubenssatz vor Ihrem geistigen Auge
erscheinen – als Wort oder ausformuliert. Lassen Sie den Satz
oder das Wort in klaren Buchstaben und einer schönen Farbe
aufleuchten. Es ist die neue Richtung, die Sie Ihrem Unterbewusstsein vorgeben. In die soll es sich von jetzt an entwickeln.

•

Schreiben Sie das Wort oder den Satz nach dieser Übung
auf einen Zettel und tragen Sie diesen zur Vertiefung
in den nächsten Tagen immer bei sich.

*Diese Meditation finden Sie als Hörversion auf meiner Webseite.*

# Verlassen Sie Ihre Komfortzone

Die Komfortzone ist derjenige Lebensbereich, in dem wir uns wohl und sicher fühlen. Sie ist das abgesteckte Terrain, das wir kennen und wo wir es uns gemütlich machen können. Dieses Gebiet endet da, wo es für uns unbequem wird. Wo wir Angst verspüren und wo wir uns neu positionieren müssen.

Jeder Mensch hat eine Komfortzone, denn jeder Mensch will sich sicher fühlen. Dafür sorgt unser innerer Überlebensinstinkt. Daher ist eine Komfortzone an sich auch nichts Schlechtes. Schließlich gelingt es uns darin, wiederkehrende Situationen nicht voller Angst oder Unsicherheit zu erleben, sondern mit einer gewissen Routine.

Wollen wir aber etwas Neues wagen und uns weiterentwickeln, müssen wir dafür unseren Wohlfühlbereich verlassen. Unser Gehirn mag aber keine schnellen und abrupten Veränderungen. Daher bringt es nichts, wenn wir mit Gewalt zu etwas gezwungen werden. Das verängstigt uns oft so sehr, dass wir uns noch tiefer in unsere Komfortzone verkriechen.

**DAMIT DAS NICHT PASSIERT,
LAUTET IHR HEUTIGES TAGESMOTTO:**

**Ich traue mich. Hier und heute. Jetzt.**

## Wo im Kopf die Angst sitzt

Nehmen wir mal an, Sie sind inzwischen nicht mehr so unsicher wie zu Beginn der Lektüre dieses Buchs. Aber in ungewohnten Situationen stellt sich doch noch eine gewisse Nervosität ein –

auch dann, wenn Sie sich explizit sagen, dass Sie keine Angst vor der Präsentation, dem Gespräch, dem Date oder Ähnlichem haben müssen. Es gibt nämlich in Ihrem Kopf einen Bereich, der für logische und beschwichtigende Argumente nicht empfänglich ist: die Amygdala.

Das Gehirn hat zwei Areale, die sehr verschieden mit neuen Informationen umgehen: Da ist zum einen das rationale Gehirn, im Fachjargon Neocortex genannt. Dieser Teil ist für die Wahrnehmung und das strategische Denken zuständig. Hier sitzt quasi unsere Intelligenz. Das rationale Gehirn ist der Bereich, der auf einen Satz wie „Sie brauchen keine Angst zu haben" ansprechen würde, wenn das emotionale Gehirn, die Amygdala, das zulassen würde.

Die Amygdala ruft ihre Informationen aus der Vergangenheit ab. In diesem Gehirnbereich entstehen dann aufgrund negativer Erinnerungen innerhalb von Millisekunden Gedanken wie „Oh nein, das geht sicher wieder schief. Genau wie damals" oder „Oh je, was war das damals peinlich. Hoffentlich passiert mir das nicht schon wieder".

Vergangene Erlebnisse haben mit der Gegenwart zwar nichts zu tun. Aber sie haben sich im emotionalen Gehirn derart festgesetzt, dass sie nur schwer zu entfernen sind. Und genau daher haben wir völlig zu Recht den Eindruck, dass bestimmte Erfahrungen auch Jahre später noch unser Empfinden und Verhalten steuern.

Da kann das rationale Gehirn noch so oft schimpfen: „Beruhig dich, das wird dieses Mal alles anders." Keine Chance! Für solche Beschwichtigungen ist das emotionale Gehirn nicht empfänglich. Die Erinnerungen fangen an zu arbeiten und setzen eine Gefühlslawine in Gang. Daraus entstehen dann Glaubenssätze, die unser Defizit widerspiegeln. Auf diese Weise kommt zum Beispiel auch Prüfungsangst zustande. Menschen, die davon betroffen sind, kann man mit logischen Gründen nicht beruhigen. Hinweise wie

„Aber du bist doch super vorbereitet" nehmen sie nicht an. Schließlich hat das emotionale Gehirn bereits längst entschieden, dass auch die bevorstehende Prüfungssituation wieder in einer Katastrophe enden wird.

## Setzen Sie das Monster auf Diät

Angst gehört zum Leben dazu. Sie ist grundsätzlich ja auch nichts Schlechtes. Schließlich kann Angst uns daran hindern, etwas zu tun, was uns oder andere verletzen würde. Angst hilft uns dabei, wichtige Entscheidungen noch einmal zu überdenken. Problematisch wird es nur, wenn sich die Angst so in unserem Leben breitmacht, dass sie uns an unserer Weiterentwicklung hindert. Wenn sie uns eine Illusion als Realität verkauft.

Die Angst wächst im Kopf. Sie bringt Alltagsbilder mit einem unangenehmen Gefühl zusammen. Und das wird stärker, je öfter wir bestimmte Situationen vor unserem geistigen Auge durchspielen. Es ist leicht, sich in angstmachenden Bildern zu verlieren. Aber es ist sehr schwer, sich von diesen wieder zu lösen.

Die Angst ist ein gefräßiges Monster, das Sie konsequent auf Diät setzen müssen. Je mehr Selbstvertrauen Sie entwickeln und je genauer Sie wissen, was Sie wollen, desto schneller schrumpft Ihre Angst. Denn Eigenschaften wie Selbstbewusstsein, Vertrauen und Liebe schmecken ihr ganz und gar nicht.

## Vorsicht vor Hätte-Sätzen

„Ach, hätte ich doch bloß ..." Kommt Ihnen diese Formulierung bekannt vor? Gerade Menschen mit zu wenig Selbstvertrauen bedauern und trauern oft Situationen hinterher, die nicht mehr zu ändern sind. Aber: Das Wort „hätte" in einem Satz sagt immer aus, dass eine Situation vorbei ist und so nicht wiederkommt. Warum also noch länger „darauf herumdenken"?

Ist Ihr Selbstwertgefühl mittlerweile nicht schon stark genug, dass Sie sich einen Fehler eingestehen können, der nun nicht mehr zu ändern ist?

Mit einer anhaltenden Trauer über Unwiederbringliches schüren Sie nur wieder Ihr Schuld- und Schamgefühl. Oder Sie werden wütend und verschwenden wertvolle Energie auf etwas, das Sie sowieso nicht ändern können. Viel wichtiger ist, dass Sie neue Wege beschreiten und endlich die Ideen in Angriff nehmen, die schon lange in Ihnen schlummern. Denken Sie immer daran, dass Sie hier sind, damit Sie sich mit Ihrem Potenzial entfalten können. Und das tun Sie nicht, wenn Sie es sich in Ihrer Komfortzone möglichst kuschelig machen.

## Haben Sie eine Bucket List?

Der Begriff „Bucket List" kommt aus dem Amerikanischen und steht für all die Dinge, die ein Mensch irgendwann in seinem Leben unbedingt machen möchte. Die meisten von uns haben zwar grob ein paar Reiseziele im Kopf oder wissen, welchen Berg sie noch erklimmen wollen. Vielleicht träumen wir auch davon, mit Delfinen zu schwimmen oder einen Bungeesprung zu machen. Aber das alles bleibt doch ziemlich vage, wenn wir nur hier und da davon erzählen.

Konkreter wird es, wenn Sie Ihre Träume schriftlich festhalten. Träume, die Sie schon seit Jahrzehnten mit sich herumtragen. Oder auch Dinge, von denen Sie gelesen und die Sie sehr bewegt haben. Nutzen Sie genau dazu die heutige zehnminütige Morgenübung.

# Ihre Liste der Träume

**Schreiben Sie in den nächsten zehn Minuten alles auf,
was Sie noch machen und erleben wollen. Ganz wichtig:
Es gibt bei dieser Übung keine Grenzen –
außer den Grenzen in Ihrem Kopf.**

•

Falls Ihnen spontan nichts einfällt,
lassen Sie sich von diesen Fragen inspirieren:

•

Welchen Herzenswunsch haben Sie schon von klein auf?

•

Welche Orte möchten Sie noch erkunden?

•

Welche Sprache würden Sie gerne lernen?

•

Gibt es ein Hobby, dem Sie mehr Zeit widmen wollen?

•

Was würden Sie tun, wenn Geld keine Rolle spielen würde?

•

Wollen Sie sich beruflich weiterentwickeln?

## Wolfgang und sein Schweinehund

Ab und zu ist es gut, wenn wir ins kalte Wasser geworfen werden, damit wir uns endlich aus unserem Alltagstrott herausbewegen. Aber manchmal ist der innere Schweinehund so stark, dass wir nicht von unseren Gewohnheiten loskommen. Ein kleiner Trick hilft dabei.

Mein Klient Wolfgang ist ein sehr ängstlicher Typ. Er hält sich am liebsten in seiner akkurat aufgeräumten Wohnung auf. Ganz besonders mag er sein Bett, aus dem er morgens nur sehr schwer herauskommt. Ein großes Problem für ihn als Freiberufler.

Wolfgang hatte sich schon oft vorgenommen, morgens um sechs Uhr mit dem Weckerklingeln aufzustehen. Aber bisher drückte er im Fünfminutentakt die Schlummertaste, bis es schließlich sieben Uhr war und er eigentlich schon längst am Schreibtisch hätte sitzen sollen. Das stresste Wolfgang sehr.

Ich riet ihm zu einem Deal mit sich selbst: „Am Montag, Mittwoch und Freitag stehst du pünktlich mit dem Weckerklingeln auf. Am Dienstag und Donnerstag planst du dagegen deinen Arbeitstag so, dass du entspannt bis sieben Uhr im Bett liegen bleiben darfst. Den Wecker stellst du trotzdem auf sechs Uhr, damit du dein bisheriges Schlummertasten-Ritual beibehalten kannst."

Bei dieser Abmachung kann der innere Schweinehund sich nicht beschweren. Schließlich kann er sich an zwei Tagen pro Woche wie immer verhalten. Zwei Wochen später fragte ich Wolfgang, wie es mit dieser Änderung klappen würde. „Super", sagte er. Denn er könne seiner inneren Stimme, die an Frühaufstehertagen protestiere, immer sagen: „Klappe halten, morgen kannst du länger schlafen."

Mittlerweile steht Wolfgang übrigens von Montag bis Freitag um sechs Uhr auf. Dafür macht er es sich am Wochenende länger im Bett gemütlich.

Manchmal genügt es, zunächst kleine Veränderungen vorzunehmen. Dadurch erreicht man sein Ziel oft schneller als durch Mammut-Modifikationen.

## Analysieren Sie Mut-Momente

Für jeden Minischritt, den Sie aus Ihrer Komfortzone heraus gemacht haben, beantworten Sie sich selbst folgende Fragen:

- Worauf kann ich dabei stolz sein?
- Was habe ich von dem erreicht, was ich mir vorgenommen habe?
- In welcher Beziehung habe ich mich weiterentwickelt?
- Habe ich etwas gemacht, vor dem ich zuvor Angst hatte?
- Was wird anders ohne diese Angst?
- Was nehme ich mir als nächsten Schritt vor?

Indem Sie Ihre Komfortzone verlassen und vergrößern, erweitern Sie einerseits Ihren geistigen Horizont. Andererseits lernen Sie sich selbst besser kennen. Sie merken, was Ihnen nun viel besser gelingt und wo noch die Unsicherheit sitzt. Sie entdecken neue Fähigkeiten und Ressourcen, die bei zukünftigen Projekten sehr hilfreich sein können. Sie lernen das Leben von einer neuen und anderen Seite kennen.

Ihr Selbstvertrauen, Ihr Selbstbewusstsein und Ihr Selbstwertgefühl erleben einen enormen Schub, sodass Sie sich an neue Herausforderungen herantrauen. Sie entziehen Ihrer Angst dadurch so viel Nahrung, dass sie ganz klein und mickrig wird.

# Minischritte fürs Maxiziel

Nutzen Sie die heutige Abendübung dafür, einen kleinen
Marschplan für eines Ihrer Ziele zu entwickeln:
Nehmen Sie sich einen Stift zur Hand und fragen Sie sich,
was Ihnen bei dieser Sache noch Angst macht und was Sie
dagegen unternehmen wollen. Erstellen Sie auf einem
Blatt Papier eine Liste der ersten Minischritte, die Sie
der Erfüllung Ihres Traums näherbringen.

•

Bedenken Sie dabei, dass ein Plan immer nur ein Plan ist.
Er kann sich im Laufe der Zeit verändern. Nämlich dann,
wenn Sie merken, dass einer der Schritte Sie nicht weiterbringt.
Daher sollen es ja auch viele Minischritte sein – anstatt drei große,
von denen dann zwei nicht funktionieren. Das bringt
die Menschen nämlich dazu aufzuhören, bevor sie
überhaupt wirklich angefangen haben.

•

Wichtig ist, dass Sie Ihrer Kreativität freien Lauf lassen und
nicht gleich den Stift hinlegen, weil Ihnen die Angst zuflüstert,
dass das sowieso nichts wird. Wenn Sie Ihre Minischritte
aufschreiben, dann haben Sie einen guten Plan.
Eine Menge dieser Schritte werden funktionieren.
Das garantiere ich Ihnen.

# Ziehen Sie Ihr Fazit für diese Woche

Bei wie viel Prozent stand Ihr Selbstbewusstsein am Anfang dieser Woche? Und wie hoch ist der Wert jetzt? Ist er gestiegen? Selbst wenn sich nur minimal etwas getan hat, ist das schon ein großer Erfolg.

Wenn Sie sich in dieser Woche Ihrer Angst gestellt, über Ihren Lebenssinn nachgedacht, Ihren Körper besser angenommen und Ihre Glaubenssätze überprüft haben, dann haben Sie die Initiative ergriffen. Das ist toll und sehr mutig. Das lässt nicht nur Ihr Selbstbewusstsein, sondern auch Ihr ganzes Leben wachsen.

## NIEMAND AUSSER IHNEN SELBST KANN IHR SELBSTBEWUSSTSEIN PUSHEN.

Ich weiß, dass niemand gerne seinen Ängsten gegenübertritt. Aber wenn wir sie ignorieren, werden sie dadurch nicht kleiner. Sie lösen sich auch nicht in Luft auf. Im Gegenteil: Sie wuchern vor sich hin und lassen uns morgens immer öfter mit einem beklemmenden Gefühl aufwachen.

Wenn Sie sich Ihrer Gefühle selbst gegenüber bewusst werden – den guten und den weniger guten –, können Sie sich auch Gedanken darüber machen, warum Sie sich fühlen, wie Sie sich fühlen. Somit erstellen Sie einen Zusammenhang zwischen Ihren bisherigen Gedanken, Gefühlen, Verhaltensweisen und dem Anlass, der überhaupt dazu führte, dass Sie all das so empfunden und getan haben. Dann wissen Sie, was an Ihrem Selbstbewusstsein nagt und es stetig schmälert.

## Was wäre, wenn ...?

Ich biete Ihnen nun wieder sechs Was-wäre-wenn-Fragen an, die Ihnen den weiteren Weg zur Selbsterkenntnis erleichtern.

- Was wäre, wenn ich meinen Lebenssinn erkennen und leben würde?
- Was wäre, wenn ich mich selbst mehr loben würde?
- Was wäre, wenn ich meinen Körper akzeptieren würde, wie er ist?
- Was wäre, wenn ich mehr auf meine Haltung und mein Auftreten achten würde?
- Was wäre, wenn ich jeden Morgen positiv in den Tag starten würde?
- Was wäre, wenn ich immer öfter meine Komfortzone verlassen würde?

Stellen Sie sich wieder vor, Sie würden jeden dieser sechs Sätze umsetzen. Wie sehr würde das Ihr Selbstvertrauen stärken?

Auch heute gibt es wieder zwei Tagesmottos. Das erste dient dazu, Ihr Selbstbewusstsein zu stärken. Das heißt nicht, dass Sie dadurch keine Situationen mehr erleben, in denen Sie sich unsicher fühlen. Das Motto soll Sie aber dabei unterstützen, sich Ihrer selbst bewusst zu werden. Denn nur, weil Sie sich mal unsicher fühlen, heißt das nicht, dass Sie grundsätzlich unsicher sein müssen.

### HIER KOMMT DAS ERSTE MOTTO:

**Ich bin mir meiner selbst voll und ganz bewusst.**

Das zweite Motto erinnert Sie daran, dass auch Rom nicht an einem Tag erbaut wurde. Um sich zu verändern, müssen Sie nicht mit einem großen Satz aus Ihrer Komfortzone herausspringen. Es reicht, wenn Sie sie langsam, Stück für Stück verlassen. Bei Bedarf dürfen Sie sich natürlich auch wieder dorthin zurückziehen.

**IHR ZWEITES MOTTO HEISST:**

**Ich entferne mich Schritt für Schritt aus meiner Komfortzone.**

Wenn Sie möchten, können Sie diese zwei Vorgaben wieder nach Ihren Vorstellungen umformulieren. Zu Sätzen, die genau Ihr Gefühl für Ihr Selbstbewusstsein wiedergeben.

## Auf der Suche nach dem Selbst

Sich seiner selbst bewusst sein. Was bedeutet das? Und was ist dieses „Selbst" genau? Sind es alle Handlungen und Charaktereigenschaften, die offensichtlich zutage treten? Aber was ist dann mit all dem, das tief in unserem Unterbewusstsein schlummert?

Wie Sie wissen, verändern sich Ihre Gedanken und Gefühle ständig. Sie kommen und gehen. Sie sind auch nicht immer ehrlich, wie wir im Nachhinein feststellen können. Wenn sie sich aber ständig verändern, können sie nicht unser Selbst sein. Sie gehören zu unserem Selbst dazu, aber sie sind nicht das Selbst. Ihr ganzes tatsächliches Selbst wird sich wahrscheinlich nie wirklich erfassen lassen. Sie sind so viel mehr als das, was Sie zu sein meinen. Oder wie es Aristoteles mal gesagt hat: „Das Ganze ist mehr als die Summe seiner Teile." Deshalb kann auch niemand von sich sagen, dass er kein Selbstbewusstsein hat. Ich denke, dass dieses Mangelgefühl daher kommt, dass sich die Menschen generell zu wenig mit sich selbst beschäftigen. Wer das aber auf so gute und positive Art macht, wie Sie in dieser Woche, wird sich seiner selbst sehr wohl bewusst. Und dadurch eben selbst-bewusst.

## Schaffen Sie Lob-Situationen

Je mehr Sie aus dem alten Trott herauskommen, desto besser lernen Sie Ihr Selbst kennen. Machen Sie daher doch einfach mal einige Dinge anders als bisher. Seien Sie stolz und loben Sie sich, wenn Sie ein Häkchen hinter einen dieser Punkte machen können:

* Sagen Sie Nein, weil Sie etwas nicht mehr tun wollen.
* Sagen Sie Ja zu etwas, bei dem Ihre Antwort bisher immer Nein lautete.
* Verlassen Sie Ihre Komfortzone, indem Sie eine Aufgabe annehmen, vor der Sie sich bisher aus Angst gedrückt haben.
* Akzeptieren Sie das, was Sie nicht ändern können – auch wenn es sich momentan nicht gut anfühlt.
* Sprechen Sie einen Konflikt offen und direkt an.
* Stehen Sie nach einem Misserfolg wieder auf.
* Nehmen Sie sich etwas vor und ziehen Sie es durch.
* Stehen Sie zu Ihrer Meinung, auch wenn Sie damit allein dastehen.

Mit der folgenden Übung können Sie sich einen Schritt näher auf sich selbst zubewegen, weil Sie sich aus einer Identifizierung lösen, die Ihnen nicht mehr guttut. Unsere Gewohnheiten lassen uns manchmal in Mustern feststecken, die dazu führen, dass wir uns immer weiter von unserem gesunden und liebevollen Ich entfernen. Nutzen Sie die Chance des Gegenteils, der Kontraste, um etwas anders zu machen als bisher und aus einem bestimmten Verhaltensmuster auszubrechen. Wiederholen Sie die heutige Abschlussübung regelmäßig, um eine Veränderung zu erleben, die Sie innerlich stabiler werden lässt.

# Sie sind so viel mehr

**Setzen oder legen Sie sich bequem hin und
sagen Sie leise oder laut folgende Sätze:**

•

Ich habe einen Körper, aber ich bin nicht mein Körper.

•

Ich habe Gedanken, aber ich bin nicht meine Gedanken.

•

Ich habe Gefühle, aber ich bin nicht meine Gefühle.

•

Ich habe Verhaltensweisen,
aber ich bin nicht meine Verhaltensweisen.

•

Ich habe Ängste, aber ich bin nicht meine Ängste.

•

Ich habe ein Ego, aber ich bin nicht mein Ego.

•

Ich empfinde Leid, aber ich bin nicht mein Leid.

•

Ich empfinde Freude, aber ich bin nicht meine Freude.

•

Ich habe Wünsche, aber ich bin nicht meine Wünsche.

•

Ich bin der Beobachter meiner Gedanken und Gefühle. Ich bin ein
passiver Zeuge all dessen. Ich bin so viel mehr als alles zusammen.

*Diese Meditation finden Sie als Hörversion auf meiner Webseite.*

# 4

## Selbstliebe

### Es ging nie um etwas anderes

Herzlichen Glückwunsch!
Sie kommen nun zur vierten Woche,
in der es nur um Ihre Selbstliebe geht.
Machen Sie es sich von jetzt an leichter im
Leben. Erfahren Sie, wie schön Sie innerlich
tatsächlich sind, lassen Sie Ihr inneres Kind
zu Wort kommen und entdecken Sie die
Quelle der Kraft, die in Ihnen steckt.

# Verlieben Sie sich neu – in sich selbst

Nach drei Wochen der Selbstwahrnehmung, der Akzeptanz und der Stärkung Ihres Selbstbewusstseins geht es in dieser vierten Woche natürlich um das Allerwichtigste: Ihre Selbstliebe.

Wir alle sehnen uns danach, geliebt zu werden. Aber bevor wir geliebt werden oder uns geliebt fühlen können, dürfen wir uns erst einmal selbst lieben. Leider fällt das sehr vielen Menschen schwer. Ihre Glaubenssätze, die das verhindern, sind zahlreich. Aber sie basieren alle auf einer Kernaussage: Ich bin es nicht wert.

## Wie viel Schmerz haben Sie schon ausgelöst?

Wenn wir nicht erfüllt sind, empfinden wir keine wahre Lebensfreude und sind viel zu selten wirklich glücklich. Früher oder später fügen wir aus dieser Unzufriedenheit heraus uns selbst oder anderen Schmerzen zu.

Ich kenne diesen Effekt, denn auch ich habe früher leider einigen Menschen sehr wehgetan. Einfach, weil ich mich selbst nicht besonders leiden konnte und auch keinen anderen Menschen wirklich liebte. Ich ging nur Beziehungen ein, um meinen Hunger nach Anerkennung, Lob oder Zuneigung zu stillen. Aber es gibt keinen Menschen und keine Beziehung, die uns alles geben kann. Es ist also letztendlich egal, wo und bei wem Sie die Liebe suchen, die Sie nicht in sich spüren – Sie werden sie niemals finden.

Erst in dem Moment, in dem Sie sich zu 100 Prozent so lieben, wie Sie sind – mit all Ihren Stärken, Schwächen und Ihrer Vergangenheit –, brauchen Sie keinen anderen Menschen mehr, der Sie bestärkt. Sie genügen sich selbst. Und erst dann sind Sie auch mit einem Menschen zusammen, weil Sie ihn lieben. Nicht, weil derjenige etwas hat, an dem es Ihnen mangelt.

## Vom Suchen und Fordern

Ich war früher gar nicht fähig dazu, Liebe zu geben. Ich wusste gar nicht, wie das geht. Ich habe zwar etwas gegeben, von dem ich meinte, es sei Liebe, aber da lag ich falsch. Es war mehr ein Suchen und Fordern. Das musste zwangsläufig zu Schmerzen führen. Für meine Partner. Und letztendlich ebenso für mich.

Die betroffenen Menschen haben mir mein Fehlverhalten längst verziehen – und ich mir selbst auch. Doch das macht das Geschehene nicht ungeschehen. Ich werde nie vergessen, was ich getan habe – was in gewisser Weise auch gut ist. Denn die Erinnerungen daran bringen mich dazu, mein Leben, meine Beziehung und meine Freundschaften viel bewusster zu leben.

Heute bin ich erfüllt von Liebe, auch für mich selbst. Ich verteile sie großzügig in meiner Partnerschaft und unter Freunden – aus einem Gefühl der Fülle heraus, und nicht mehr aufgrund einer Leere in mir. Natürlich kann meine Liebe nur angenommen werden, wenn mein Gegenüber sich selbst auch liebt. Ist das nicht der Fall, passiert das, was ich beschrieben habe.

Lieben Sie sich zuerst einmal selbst, bevor Sie geliebt werden wollen. Denn ansonsten kann es sein, dass Sie sich oder andere verletzen. Die Übungen in den kommenden sieben Tagen unterstützen Sie dabei, Ihre Suche nach Liebe endlich erfolgreich beenden zu können.

# Ihr Leben kann leichter sein, als Sie denken

Sich zu lieben und geliebt zu werden, sind die schönsten Erfahrungen, die ein Mensch in seinem Leben machen kann.

## OHNE LIEBE IST ALLES NICHTS.

Je mehr Liebe wir für etwas oder jemanden empfinden, umso leichter gehen uns die alltäglichen Dinge von der Hand. Und umso leichter leben wir alle friedlich miteinander.

Doch warum ist es so verpönt und für viele auch so schwer, sich selbst zu lieben? Weil Selbstliebe oft mit Egoismus oder Narzissmus verwechselt wird. Dabei bedeutet es doch nur, mit sich selbst so nett, respektvoll und aufrichtig zu sprechen, wie man es mit seinen Mitmenschen macht. Sich genauso liebevoll und achtsam zu behandeln. Falls Sie das noch nicht tun, fragen Sie sich einmal, warum Sie sich nicht so lieben wollen, wie Sie es verdient haben. So wie Sie sind.

Was spricht dagegen? Wer hindert Sie daran, sich so zu akzeptieren, wie Sie sind? Wie wollen Sie zukünftig leben, wenn Sie sich weiterhin nicht annehmen?

Ihr heutiges Tagesmotto könnte für Sie eine Herausforderung sein. Nehmen Sie sie an.

## DAS HEUTIGE TAGESMOTTO LAUTET:

**Es ist leicht, mich zu lieben.**

## Die wichtigste Beziehung Ihres Lebens

Selbstliebe ist mehr als nur ein Gedanke oder ein Gefühl. Es ist Ihr wahres Wesen. Es ist Ihr ganzes Sein. Doch solange Sie sich das nicht bewusst machen und anfangen, sich auch so zu verhalten, stehen Sie der Entfaltung Ihrer Selbstliebe im Weg.

**Sie sind liebenswert, so wie Sie sind. Sie sind schön, so wie Sie sind. Sie sind wertvoll. Sie sind gut. Immer dann, wenn Sie von außen oder innen eine kritische Stimme hören, die Ihnen das Gegenteil weismachen will, wenden Sie sich Ihrem inneren Kind zu und reden liebevoll mit ihm. Nehmen Sie es fest in den Arm und sagen Sie ihm, wie sehr Sie es lieben und respektieren. Es ist Ihr inneres Kind, dass sich ängstlich und unwohl fühlt, nicht Sie selbst. Kümmern Sie sich also um es.**

KLEINE
AUFGABE

Selbstliebe hat nichts mit Perfektionismus oder Fehlerlosigkeit zu tun. Denn es ist wichtig, dass Sie sich gerade in Momenten lieben, in denen Sie sich nicht korrekt verhalten. Um spätestens dann darüber nachzudenken, wie Sie es beim nächsten Mal anders machen können. Setzen Sie Ihrem inneren Kritiker Grenzen. Lassen Sie stattdessen immer öfter die Selbstliebe zu Wort kommen. Akzeptieren Sie Ihre Persönlichkeit im Ganzen und nicht nur teilweise. Sie leben in einer lebenslangen Beziehung mit sich selbst. Seien Sie also Ihre glühendste Liebhaberin, Ihr glühendster Liebhaber.

Seien Sie so präsent, wie Sie nur sein können. Machen Sie sich den Weg bewusst, den Sie von jetzt an gehen wollen. Und zwar in Ihrem Tempo. Jeder Mensch auf dieser Welt hat seinen eigenen Weg und seine eigene Geschwindigkeit. Wenn Sie meinen, Sie sind noch nicht so weit, sich selbst lieben zu können, nehmen Sie das entspannt so hin. Sie werden spüren, sobald es so weit ist. Aber dafür müssen Sie präsent sein. So oft es geht. Am besten jeden Tag.

# Lust auf ein Date?

**Starten Sie so in diesen Tag, als hätten Sie die
wunderbarste Verabredung Ihres Lebens vor sich –
nämlich mit Ihnen selbst. Was würden Sie alles tun?
Voller Vorfreude aufwachen? Sich sorgfältiger kleiden als sonst?
Mit guter Laune die Wohnung verlassen, um zur Arbeit
zu fahren oder das Kind wegzubringen? Fröhlich vor sich hin
pfeifen oder summen? Die Kollegen oder Angestellten
besonders freudig begrüßen? Am Abend gut gelaunt
durch den Feierabendverkehr nach Hause fahren?**

•

Nehmen Sie ein Blatt Papier und schreiben Sie auf,
wie Sie eine Verabredung mit sich selbst planen würden:

•

Was würden Sie sich Gutes tun?

•

Was anziehen?

•

Was essen?

•

Und wie würden Sie sich beim Date fühlen?

•

Tragen Sie alles ein.

•

Und wie wäre es, wenn Sie dieses Date dann in die Tat umsetzen?
Bringen Sie sich dadurch selbst ein Stückchen Liebe entgegen.

## Bringen Sie mehr Leichtigkeit in Ihr Leben

Es gibt Menschen, die sich das Leben buchstäblich noch schwerer machen, als es ohnehin schon ist. Sie versuchen Traurigkeit, Stress und Sorgen durch Essen zu kompensieren. Doch im Gegensatz zum physischen Hunger lässt der emotionale Hunger nicht nach. Es geht um tiefere Bedürfnisse, die sich durch Süßes oder Fettiges nicht befriedigen lassen. Manchmal wird der Körper auch zu einer Art Schutzwall: Wir legen unbewusst an Gewicht zu, um für die Anstrengungen des Alltags gewappnet zu sein. Um sie nicht an uns ranlassen zu müssen.

**Welchen emotionalen Hunger verspüren Sie? Welche Erlebnisse stecken dahinter? Beantworten Sie sich diese Fragen einmal ganz ehrlich. Dann verstehen Sie auch, dass es keinen Sinn macht, diese Art von Hunger mit Lebensmitteln zu stillen.**

KLEINE
AUFGABE

Finden Sie heraus, was Sie wirklich erfüllt. Und bauen Sie es mehr und mehr in Ihren Alltag ein. Dann weicht das Gefühl der Schwere einer inneren Leichtigkeit. Entwickeln Sie ein neues Verständnis für Ihre Persönlichkeit: Was genau lassen Ihre Gedanken und Gefühle noch schwer werden? Wozu reden Sie selbst noch negativ über sich – in Gedanken und anderen gegenüber?

Wir Menschen denken meist nur an die schmerzhaften Erlebnisse und Begegnungen in unserer Vergangenheit. Wenn Sie sich also schon in der Vergangenheit aufhalten, dann tun Sie das, indem Sie sich an die schönen Dinge erinnern. Die gibt es schließlich auch. Falls nicht: Wozu denken Sie dann an schmerzhafte Situationen zurück? Die lassen sich schließlich nicht mehr ändern. Wie soll Ihnen diese Schwere der Vergangenheit weiterhelfen?

Lassen Sie es nicht zu, dass die Vergangenheit oder eine andere Person Ihre Gedanken und Gefühle bestimmt. Verbieten Sie sich selbst, eine Marionette zu sein, an der gezogen wird, wie es anderen Personen gefällt. Sie können Ihre Vergangenheit verarbeiten, sich dadurch verändern und sie dann hinter sich lassen. Sie bringen mehr Leichtigkeit in Ihr Leben, indem Sie in der Gegenwart präsent sind. Beschreiten Sie so oft wie möglich diesen Weg. Er führt Sie in eine unbeschwertere Zukunft.

### SIE KÖNNEN DAS – WENN SIE ES WOLLEN.

Durch mehr Achtsamkeit erkennen Sie auch viel schneller die Situationen und Umstände, die Ihnen nicht guttun. Die schlechte Gefühle in Ihnen hochkommen lassen. Je präsenter und bewusster Sie von jetzt an sind, desto schneller können Sie in problematischen Momenten gegensteuern. Schließlich geht es um die Fülle in Ihrem Leben – und nicht die in Ihrem Magen.

# Atmen Sie die Schwere weg

**Schalten Sie alle Geräte aus, die Sie in den nächsten zehn Minuten nicht brauchen. Machen Sie es sich bequem, schließen Sie Ihre Augen und nehmen Sie ein paar bewusste Atemzüge.**

•

Womöglich ist es noch ein bestimmter Glaubenssatz, der es Ihnen schwer macht, ein inneres Erfülltsein wahrzunehmen. Dennoch steckt dieses Gefühl in Ihnen, auch wenn Sie es momentan vielleicht noch nicht spüren. Konzentrieren Sie sich immer öfter darauf statt auf die Schwere – also die Sachen, die Sie runterziehen. Wenn das wieder einmal passiert, können Sie die Schwere wegatmen. Ich zeige Ihnen, wie das geht.

•

Lauschen Sie in Ihren Körper hinein. Sie wünschen sich Leichtigkeit, aber da gibt es Widerstände, die das noch nicht zulassen? Sie spüren eine gewisse Anspannung? Denken Sie an diese Anspannung und atmen Sie tief ein. Schicken Sie sie dann mit einem tiefen Ausatmen aus Ihrem Körper heraus.

•

Denken Sie an den Glaubenssatz, der bisher noch Ihre Leichtigkeit verhindert, atmen Sie tief ein und schubsen Sie ihn dann mit einem langen Atemzug aus sich heraus. Spüren Sie die Erleichterung in Ihnen, die nun mehr Platz einnehmen kann.

•

Atmen Sie Ihre Schwere ein und lassen Sie sie dann mit einem langen Atemzug los. Spüren Sie die Leichtigkeit in Ihnen, die nun mehr Platz hat.

➡→

Atmen Sie Unsicherheit ein und lassen Sie sie dann mit einem
langen Atemzug los. Spüren Sie den Frieden in Ihnen,
der nun mehr Platz hat.

•

Atmen Sie Ihren Schmerz ein und lassen Sie ihn dann mit einem
langen Atemzug los. Spüren Sie die Vergebung in Ihnen,
die nun mehr Platz hat.

•

Atmen Sie Wut ein und lassen Sie sie dann mit einem
langen Atemzug los. Spüren Sie den Frieden in Ihnen,
der nun mehr Platz hat.

•

Atmen Sie Kontrolle ein und lassen Sie sie dann mit einem
langen Atemzug los. Spüren Sie das Vertrauen in Ihnen,
das nun mehr Platz hat.

•

Atmen Sie Angst ein und lassen Sie sie dann mit einem
langen Atemzug los. Spüren Sie die Selbstliebe in Ihnen,
die nun mehr Platz hat.

•

Atmen Sie Ihren Drang zum Festhalten ein und lassen Sie ihn
dann mit einem langen Atemzug los. Spüren Sie die Fähigkeit zum
Loslassen in Ihnen, die nun mehr Platz hat.

•

Spüren Sie die Leichtigkeit?
Macht sie sich mehr und mehr in Ihnen breit?

*Diese Meditation finden Sie als Hörversion auf meiner Webseite.*

# Ihre Schönheit kommt von innen

Was ist schön? Und wer bestimmt das? Es gibt so viele Arten, Schönheit auszustrahlen:

- **Sie sind schön,** wenn Sie wissen, wer Sie sind. Wenn Sie wissen, dass Sie genauso sind, wie Sie sein sollen.
- **Sie sind schön,** wenn Sie sich so akzeptieren, wie Sie sind. Vielleicht gefällt Ihnen manches nicht, aber das hindert Sie nicht daran, sich so anzunehmen und täglich im Spiegel anzulächeln.
- **Sie sind schön,** wenn Sie darauf achten, was Sie denken und fühlen. Wenn Sie ein respektvolles und liebevolles Verhalten an den Tag legen.
- **Sie sind schön,** wenn Sie nicht versuchen, sich den Vorstellungen anderer anzupassen, nur um ihnen zu gefallen.
- **Sie sind schön,** wenn Sie sich selbst die beste Freundin oder der beste Freund sind. Wenn Sie auf sich selbst hören. Spüren, wie es Ihnen geht. Sich selbst gegenüber aufmerksam und geduldig sind.
- **Sie sind schön,** wenn Sie äußern, wie es Ihnen geht. Wenn Sie wissen, welche Worte Sie wählen, um Ihren Gefühlen und Gedanken Ausdruck zu verleihen. Denn das ist Ihr gutes Recht.
- **Sie sind schön,** wenn Sie Wut, Ärger oder Verletzung angemessen äußern. Wenn Sie sich und Ihr liebevolles Selbst schützen, indem Sie darauf hinweisen, was Sie stört und was Sie stattdessen bevorzugen.
- **Sie sind schön,** wenn Sie sich nicht mehr dafür schämen, sich so zu zeigen, wie Sie sind. Und wenn Sie das sowohl sich als auch Ihren Mitmenschen erlauben.
- **Sie sind schön,** wenn Sie mutig sind und der Mut Ihr Antrieb ist, um sich in Ihrer Persönlichkeit zu entfalten.

## Liebende Menschen nehmen sich Zeit

Haben Sie sich in den verschiedenen Arten der Schönheit wiedergefunden? Welche davon tragen Sie in sich? Nur eine oder mehrere?

Es ist völlig verständlich, dass wir Menschen den Wunsch haben, attraktiv zu sein und uns mit unserem Äußeren wohlzufühlen. Das zeigt ja auch, dass uns unser Körper nicht egal ist. Aber äußere Schönheit ist nicht der Schlüssel zum Glück. Denn es geht im Leben eines Menschen um mehr als seine Oberfläche.

**MEINE ERKENNTNIS**

**Schönheit und Liebe kommen von innen. Liebende, schöne Menschen nehmen sich ihr Leben lang Zeit, um sich selbst immer besser kennenzulernen. Sie tun das nicht erst durch eine Frau oder einen Mann – in der Hoffnung, sie oder er könne über den inneren Mangel hinweghelfen.**

Das bedeutet übrigens nicht, dass wir uns wegen einer Beziehung oder Freundschaft nicht gut fühlen sollten. Es bedeutet auch nicht, dass die Anerkennung unseres Partners uns nicht dabei helfen kann, uns selbst mehr zu mögen. Viele Frauen oder Männer fühlen sich in einer Partnerschaft wohler als allein, was auch nachvollziehbar ist.

Dennoch wird irgendwann der Tag kommen, an dem jeder von uns mit sich allein ist. Und es gibt doch nichts Schlimmeres, als sich dann selbst nicht aushalten zu können. Es geht darum, dass Sie in sich selbst Ihre Erfüllung finden, sodass Sie nicht auf die Liebe oder Anerkennung anderer angewiesen sind.

**VERINNERLICHEN SIE DAHER IHR HEUTIGES TAGESMOTTO:**

**Ich bin schön.**

# Ihr Beauty-Booster

**Schreiben Sie in den nächsten zehn Minuten auf,
wie Sie Ihre innere Schönheit schon nach außen zeigen.**

•

Sie fühlen sich noch nicht schön? Dann notieren Sie, was Sie tun
können, um das zu ändern. Wie würden Sie sich verhalten, wenn
Sie sich Ihrer inneren Schönheit zu 100 Prozent bewusst wären?

## Welche Signale spüren Sie?

Woran können Sie erkennen, dass Sie sich dem schönen Leben noch verweigern? Wenn Sie sich oft folgendermaßen fühlen:

* allein gelassen
* blockiert
* deprimiert
* ernüchtert
* hungrig
* leer
* unglücklich
* unzufrieden
* zornig
* zweifelnd

Und das sind nur ein paar Beispiele, die darauf hindeuten können, dass Sie zu wenig für sich und Ihre Selbstliebe tun. Diese wiederkehrenden Gefühle sind ein gutes Signal dafür, dass etwas nicht stimmt und Sie Ihr Leben nicht in all seiner Schönheit leben.

Menschen, die einen Mangel an Selbstbewusstsein verspüren, haben diese unguten Gefühle häufiger als Menschen, die sich um ihre Selbstliebe kümmern. In dem Moment, in dem Sie Ihre Selbstliebe hegen und pflegen, fühlen Sie sich immer öfter:

* ausgeglichen
* begeistert
* energiegeladen
* erholt
* frei
* glücklich
* inspiriert
* entspannt
* offen
* sicher

Werden Sie sich jeden Tag so fühlen, wenn Sie sich selbst lieben? Das kann schon sein. Aber selbst wenn nicht, dann wissen Sie, dass es mal einen Tag oder eine kurze Phase lang so ist, bis es wieder besser wird.

**FANGEN SIE AN, IHR LEBEN ZU GENIESSEN:**

**indem Sie sich auf Ihre innere Schönheit konzentrieren.**

## Es ist nie zu spät

Durch viel Besitz, Geld, Macht und äußere Schönheit wird das Problem der fehlenden Selbstliebe nicht gelöst. Denn dieses Problem wächst in Ihnen. Viele Menschen leiden darunter, dass ihnen ihre Eltern oder andere Bezugspersonen keine Liebe schenkten. Aber es ist nie zu spät, sich diese selbst zu schenken. Der Weg mag vielleicht nicht gerade einfach oder kurz sein. Aber wenn Sie das Ziel erreichen, werden Sie für alles entlohnt.

Ich selbst habe auf meinem Weg zur Selbstliebe irgendwann begriffen, dass ich nicht die Liebe meiner Eltern oder anderer Menschen brauche, um mich mit mir selbst gut zu fühlen. Hätte es mir das Leben leichter gemacht, wenn meine Kindheit anders verlaufen wäre? Wenn meine Eltern mir ihre Liebe, die sie bestimmt auf irgendeine Art und Weise für mich empfinden, vorbehaltlos gezeigt hätten?

Sicher! Aber dann wäre ich nicht die Kim, die ich heute bin – mit all meinen Erfahrungen. Ich hätte nicht dieses Verständnis für Menschen, die sich leider noch ungeliebt fühlen. Ich hätte dieses Buch nicht schreiben können. Denn wie sollte ich Ihnen die ganzen Übungen anbieten, wenn ich sie nicht selbst zuvor an mir ausprobiert und für gut befunden hätte?

Ich durfte erkennen, dass ich bereits vollkommen geliebt werde. Einerseits von der Göttlichkeit, an die ich glaube, und andererseits von der Selbstliebe in mir, die schon immer da war. Ich musste nur anfangen, sie zu beachten, hinzufühlen und zu erkennen, was mir guttut und was nicht. Ich musste zu der Person werden, die ich als frühere Kim gebraucht hätte.

Ich komme von einem Ort, der voller Liebe ist, und ich werde dorthin auch wieder zurückkehren. In der Zwischenzeit habe ich nichts anderes zu tun, als diese Liebe hier auf Erden zu leben.

**UND DAS IST WAHRE SCHÖNHEIT.**

# Geben Sie sich schriftlich Ihren Segen

Sie haben jetzt schon viel darüber gelesen –
und sicher auch darüber nachgedacht. Aber nun geben Sie sich
doch bitte auch einmal schriftlich die Erlaubnis, sich selbst
zu lieben. So wie Sie sind. Denken Sie an das, was Sie sich derzeit
noch verweigern, und erlauben Sie es sich, indem Sie folgenden
Satzanfang mit Ihren Worten vervollständigen:

•

Ich erlaube mir von jetzt an, dass ich ...

# Blicken Sie Ihren Ängsten ins Gesicht

Die Versagensangst lässt uns Menschen oft verzweifeln. War der gestrige Tag noch gut und haben wir Hoffnung geschöpft, dass von nun an vieles besser wird, so schlägt die Angst gleich am nächsten Morgen noch vor dem Aufstehen wieder zu. Das innere Kind lässt sich wieder einmal von den falschen Überzeugungen überrollen, die vor Jahren oder Jahrzehnten geprägt wurden. Daher ist es wichtig, dass Sie Verantwortung für Ihr Leben übernehmen.

Sobald Sie für Ihre Taten und Handlungen, für alles Gesagte und nicht Gesagte Verantwortung übernehmen und darauf achten, sich nicht von Tiefschlägen oder Misserfolgen niederstrecken zu lassen, hat die Versagensangst nicht mehr diesen enormen Einfluss.

Ich weiß, dass sich das sehr viel leichter liest, als es sich tatsächlich umsetzen lässt. Und ich kann Ihnen versichern, dass auch mich die Angst eine Zeitlang fest im Griff hatte. Aber ich hatte keine Lust mehr, mich weiter als Opfer zu fühlen. Daher habe ich meinen Ängsten mutig ins Gesicht geschaut.

## Übernehmen Sie Verantwortung

Es gibt Geschehnisse, für die Sie Verantwortung übernehmen können und müssen. Aber es gibt auch solche, die Sie nicht verschuldet haben, sondern denen Sie einfach ausgesetzt waren. Vor allem als Kind. Diese Geschehnisse können Sie im Nachhinein nicht mehr beeinflussen. Aber Sie können sich so davon distanzieren, dass die Erinnerungen daran keinen starken Einfluss mehr auf Sie haben. Das Wichtigste im Prozess der Selbstverantwortung ist, sich nach und nach vom bisherigen Selbstbild zu lösen und von jetzt an neue Entscheidungen zu treffen. Vielleicht wird noch nicht jede Entscheidung das beste oder erhoffte Ergebnis bringen. Deswegen lieber keine Entscheidung zu treffen, ist zwar auch eine Entscheidung. Aber eine, die Sie keinen Meter vorwärtsbringt.

### IHR HEUTIGES TAGESMOTTO DARF ALSO LAUTEN:

➤➤➤

### Ich übernehme Verantwortung für mich.

## Angst hat viele Formen

Angst macht uns mürbe. Sie lähmt uns oder sorgt dafür, dass wir in einen unkontrollierten Aktionismus verfallen, der die Dinge oft verschlimmert statt verbessert. Es gibt so viele Ängste, die uns das Leben schwer machen: Die Angst, kritisiert zu werden, führt dazu, dass wir den Fokus auf die Fehlervermeidung richten und bereits in Gedanken Verteidigungsgespräche führen, falls etwas schiefläuft. Die Angst vor Verletzung macht uns übervorsichtig in Beziehungen zu anderen Menschen. Wir glauben, wenn wir ganz vorsichtig im Umgang mit ihnen sind, sind sie es auch mit uns. Ein Trugschluss. Die Angst vor Konflikten lässt uns darauf achten, dass bloß alles harmonisch abläuft. Dadurch gehen wir öfter faule Kompromisse ein und stellen uns selbst hintenan. Die Angst vor zu viel Nähe verhindert, dass wir körperliche Berührungen zulassen. Wir gehen öfter in die Konfrontation, als es sinnvoll ist, nur um den Abstand wieder zu vergrößern. Die Angst vor dem Alleinsein lässt uns in Beziehungen bleiben, die uns nicht guttun. Wir lenken uns permanent ab, um die Leere und Stille in uns nicht ertragen zu müssen.

Viel zu oft lassen wir uns von der Angst kleinkriegen, statt ihr ins Gesicht zu sehen. Woher kommt sie? Und was können wir dagegen tun?

# Welche Ängste haben Sie?

**Nutzen Sie die nächsten zehn Minuten, den Platz auf
dieser Seite und befassen Sie sich mit Ihrer Angst.
Schreiben Sie bitte auf, wo sie sitzt.
Wo sollten Sie noch mehr Verantwortung übernehmen?**

•

Vervollständigen Sie dazu folgende Sätze:

Ich habe Angst, wenn …

Ich übernehme von jetzt an Verantwortung, indem ich …

## Antons Furcht vor Nähe

Mein Klient Anton hatte eine schlimme Kindheit: Seine Eltern vernachlässigten ihre Kinder und stritten sich ständig. Sein Bruder empfand die Umstände als so unerträglich, dass er sich in jungen Jahren das Leben nahm.

Diese Erfahrungen schürten Antons Angst vor Nähe. Heute ist er verheiratet und liebt seine Frau sehr. Trotzdem stößt er sie oft von sich. Er sucht Streit und wertet die Beziehung in Gedanken ab. Schließlich könnte es ja sein, dass sie doch irgendwann kaputtgeht – so wie die seiner Eltern.

In den Sitzungen mit mir lernte Anton, sich von den Glaubenssätzen, die er aufgrund seiner Erfahrungen entwickelt hatte, zu befreien. Die hatten nämlich dafür gesorgt, dass er schon mit einer Grundangst in alle Beziehungen hineingegangen war. Anton wurde bewusst, dass er seine Ängste seit seiner Kindheit zur Seite geschoben hatte, um keinen Schmerz zu verspüren. Aus Angst davor, Nähe zuzulassen, hatte Anton nie über seine wahren Gefühle gesprochen. Seine Meinung hatte er oft für sich behalten, die Wut über sich und seine Umwelt in sich hineingefressen, bis es dann immer mal wieder zu verbalen und emotionalen Explosionen kam.

All das machte ihn schwach. Anton wusste, dass er oft im Unrecht war. Er erkannte, dass es an der Zeit war, sich seine Angst endlich anzuschauen. Und dass es ihm erst dann möglich sein würde, sie loszulassen. Mit meiner Unterstützung gelang ihm das. Antons Stärke und sein Selbstvertrauen wuchsen. Dadurch kann er jetzt auch mehr Nähe und Geborgenheit zulassen.

## Holen Sie sich Ihren Reichtum zurück

Im Leben geht es ums Zusammensein. Es geht um den Kontakt zu anderen Lebewesen. Je mehr sich die Angst in Ihnen verringert, desto mehr ist es Ihnen möglich, diesen Kontakt auch zuzulassen.

> **Sobald Sie anfangen, für sich und alles, was Sie noch bearbeiten wollen, Verantwortung zu übernehmen, werden Sie etwas Wunderbares entdecken: Sie fühlen sich dann erfüllt und verstehen immer besser, was mit dem Begriff „innerer Reichtum" gemeint ist.**

AUF EINEN BLICK

Dieser innere Reichtum steht Ihnen so zu wie jedem anderen Menschen auch. Er ist unser aller Geburtsrecht. Und wenn er uns – warum auch immer – genommen wurde, müssen wir ihn uns halt zurückholen.

# Angstsituationen besser meistern

**Stellen Sie sich eine Situation vor, die Ihnen Angst macht. Eine, in der es Ihnen noch schwerfällt, Verantwortung für sich zu übernehmen. Gibt es jemanden, wegen dem Sie sich als Opfer fühlen?**

•

Erfassen Sie diesen Moment mit allen Sinnen. Was hören, fühlen und spüren Sie? Atmen Sie konzentriert ein und aus und behalten Sie so die Situation im Griff.

•

Danach gehen Sie aus der Situation raus ins Hier und Jetzt. Kommen Sie ganz im Augenblick an. Vielleicht schütteln Sie sich einmal. Schütteln Sie Ihre Angstsituation ab.

•

Nun stellen Sie sich eine Situation vor, die für Sie völlig entspannt und angenehm ist. Nehmen Sie eine Körperhaltung ein, die das widerspiegelt. Vielleicht werden auch Ihr Blick und Ihre Kopfhaltung eine andere als vorher.

•

Jetzt verbinden Sie diese beiden Situationen
direkt miteinander: Bewegen Sie sich innerlich von der
schwierigen in die angenehme. Machen Sie das ganz langsam
und bewusst, dann können Sie am besten spüren, wie
sich Ihre Gefühle und Ihre Haltung verändern.

•

Auf diese Weise signalisieren Sie Ihrem Verstand und
Ihrem Unterbewusstsein, dass Sie von einer schwierigen
Situation in eine entspannte übergehen können,
ohne den Ort zu verlassen.

•

Taucht die nächste schwierige Situation auf,
können Sie sich daran erinnern und sich so gegenüber
Mitmenschen neu positionieren. Aus Ihrer entspannten
Haltung heraus können Sie anders argumentieren
und für sich Verantwortung übernehmen.

# Treue ohne Reue

Was bleibt über, wenn Sie das „T" in Treue wegnehmen? Reue. Wie passend! Denn schließlich folgt oft die Reue, wenn wir nicht treu sind – egal, ob in einer Beziehung oder uns selbst gegenüber. Daher frage ich Sie:

## SIND SIE SICH TREU?

Mit jedem neuen Klienten bespreche ich gleich zu Anfang, welche inneren Werte er für wichtig hält. Denn das Bewusstsein dafür ist auf dem Weg zur Selbstliebe unerlässlich. Es ist immer ein Aha-Erlebnis für sie, wenn sie sehen, dass sie zwar Werte haben, aber diese oft gar nicht leben. Und wenn sie erkennen, dass ihre Werte verletzt wurden.

Unsere Werte sind wie ein Navigationsgerät, das uns durch den Lebensdschungel dirigiert. Dieses ist gefüttert mit Eigenschaften und Zielen, die uns persönlich als besonders wert-voll erscheinen. Bei vielen Menschen stehen Werte wie diese weit oben:

- Liebe
- Erfolg
- Vertrauen
- Gesundheit
- Sicherheit
- Kreativität
- Anerkennung
- Freiheit
- Geld
- Unabhängigkeit

Natürlich ist die Reihenfolge bei jedem von uns anders. Nicht jeder würde in seiner Werteliste die Liebe ganz nach oben stellen, aber er würde doch sicher sagen, dass sie zum Leben dazugehört. Vielleicht ist für diesen Menschen das Geld erstrebenswerter. Er versucht dann, möglichst viel davon zu verdienen, und umgibt sich gerne mit seinesgleichen, für den Geld ebenfalls eine große Rolle spielt.

## Klarheit für eine wert-volle Zukunft

Was ist Ihnen wichtig? Vielleicht wollen Sie sich darüber ja mal Gedanken machen. Denn dadurch erkennen Sie, wo Ihr Lebens-Navi Sie hinführen darf. Es hilft Ihnen dabei, konsequente Entscheidungen zu treffen und diese in die Tat umzusetzen.

Der Sinn, seine eigenen Werte zu entdecken, liegt darin, dass Sie in den Bereichen, in denen Sie sich eine positive Veränderung wünschen, auch die entsprechenden Resultate erreichen.

Es gibt einen bestimmten Grund dafür, dass wir auf die Welt kommen. Wir erkennen ihn oft erst, wenn wir unsere Werte ermitteln und diese leben.

# Was sind Ihre Werte?

**Machen Sie sich die nächsten zehn Minuten Gedanken darüber, welche Werte Ihnen für Ihr Leben und für Ihre Persönlichkeit wichtig sind. Auf Platz eins kommt das, was am wichtigsten ist. Am besten machen Sie diese Übung mit einem Bleistift, damit Sie hin und her tauschen können.**

•

1. .......................................................................................................

2. .......................................................................................................

3. .......................................................................................................

4. .......................................................................................................

5. .......................................................................................................

6. .......................................................................................................

7. .......................................................................................................

8. .......................................................................................................

9. .......................................................................................................

10. .......................................................................................................

## Wie Thomas sein Selbstbewusstsein zerstörte

Ich habe einen Klienten namens Thomas, der sich ständig verbog, um so zu sein wie jemand anderes. Seine Frau wies ihn mehrmals darauf hin, was ein guter Freund der beiden besser machte als er. „Nimm dir mal ein Beispiel", sagte sie.

Thomas machte das eine Zeitlang mit, weil er seiner Frau gefallen wollte. Aber er erkannte sehr schnell, dass bei besagtem Freund auch nicht alles Gold war, was nach außen glänzte, und er eben an anderen Stellen Defizite hatte.

Durch seine „Kopier-Taktik" lebte Thomas überhaupt nicht seine persönlichen Werte. Und angepasst zu sein, ist auch kein Wert, der auf seiner Liste steht ... Er wurde sich selbst immer fremder und sein angeknackstes Selbstbewusstsein bröckelte vor sich hin.

In den Sitzungen mit mir wurde sich Thomas seines Verhaltens und dessen Auswirkungen bewusst. Er erkannte, dass es in seinem Leben nicht darum ging, sich bei seiner Frau oder anderen Personen beliebt zu machen, sondern darum, dass er seine eigenen Werte lebte. Er fasste den Mut, mit seiner Frau darüber zu reden. Sie war völlig baff, als sie erfuhr, was sie mit ein paar Sätzen ausgelöst hatte.

Inzwischen darf Thomas wieder Thomas sein – eine Rolle, die er weitaus besser beherrscht. Und die ihm vor allem richtig guttut.

### IHR HEUTIGES TAGESMOTTO LAUTET DAHER:

➥——→

### Ich bin mir selbst treu.

## Fühlen Sie sich wohl in Ihrer Haut?

Wer nicht nach den eigenen Werten lebt, fühlt sich in seiner Haut unwohl und wird unsicher. Ein kleines Beispiel: Ihnen ist die Treue wichtig, Ihrem Partner aber nicht. Wenn Sie sein Fremdgehen aus

Angst vor dem Alleinsein in Kauf nehmen, zerstören Sie dadurch Ihr Selbstwertgefühl Stück für Stück – und setzen sich so selbst unter Druck. Was aber noch viel schlimmer ist: Sie leben nicht ihr eigenes, sondern ein fremdes Leben. Wie können Sie erwarten, dass Ihnen jemand treu ist, wenn Sie es sich selbst gegenüber nicht sind? Oder verhält es sich vielleicht andersherum: Sind Sie in Ihrer Partnerschaft nicht treu, weil Sie sich selbst nicht treu sind?

Werte sind eine heikle Angelegenheit. Sie bieten einen sehr fruchtbaren Nährboden für zwischenmenschliche Probleme. Viele Streitigkeiten entstehen dadurch, dass wir die von uns gelebten Werte unbewusst auch von unserem Gegenüber erwarten – allerdings ohne, dass derjenige etwas davon ahnt.

Ein weiteres Problem: Zwei Menschen können völlig unterschiedliche Vorstellungen von ein und demselben Wert haben. Daher finde ich es wichtig, sich über die eigenen Werte und die des Gegenübers auszutauschen – sowohl auf privater als auch auf beruflicher Ebene. So können wir uns sehr viel Streit und Stress ersparen.

## Der Eisberg in uns

Woher kommen unsere Werte? Zum einen natürlich von den Menschen, die uns erzogen haben. Auch in der Schule werden uns Werte vermittelt. Und unsere Gesellschaft stellt ebenfalls ein Wertesystem dar, nach dem wir versuchen zu leben.

Werte sind im Unterbewusstsein gespeichert. Darum nehmen wir oft nicht wirklich wahr, dass wir sie haben. Sie sind seit unserer Kindheit fest in uns verankert und haben dadurch einen großen Einfluss auf unser Handeln. Stellen Sie sich einen Eisberg vor, von dem gerade mal die Spitze aus dem Wasser ragt. Diese kleine Spitze symbolisiert alle Entscheidungen, die wir bewusst treffen. Der riesige Teil des Berges unter Wasser steht dagegen für all das, was wir im Leben unbewusst machen – quasi im Autopilot-Modus.

Gäbe es das Unbewusste nicht, würden uns die Sinneseindrücke, die täglich auf uns einprasseln, schlichtweg überfordern. In Stresssituationen reagieren wir daher manchmal ganz anders als gewohnt. Durch extreme Bedingungen werden Werte ans Licht gekitzelt, die sonst „unter Wasser", im Unterbewusstsein, schlummern.

## Leben Sie aus dem Herzen heraus

Wir Menschen sind Weltmeister darin, Sachen zu zerdenken. Wir versuchen, die rund 70 000 Gedanken, die unser Verstand laut Wissenschaftlern täglich produziert, zu erfassen und entsprechend zu handeln. Außerdem würden wir am liebsten auch noch die Gedanken unserer Mitmenschen lesen und ihre Wünsche erfüllen können.

Doch das, was uns durch den Kopf geht, ist leider zum Großteil nicht gerade aufbauend. Wir kritisieren uns selbst – und die Menschen um uns herum gleich mit. Das hat natürlich wieder sehr viel mit der Erziehung zu tun, trotzdem können wir dieses Verhalten stoppen. Dazu müssen wir jedoch wissen, was unsere Werte sind, was wir genau darunter verstehen und wie wir diese leben wollen.

Sollte Treue ein wichtiger Wert für Sie sein, dann machen Sie sich bewusst, was der für Sie bedeutet. Meinen Sie damit auch die Treue sich selbst und Ihren Werten gegenüber? Dass Sie authentisch leben? Dass Sie mit sich und anderen achtsam umgehen? Falls ja, dann fangen Sie sofort damit an.

Als Nächstes kommen Sie raus aus dem Kopf und gehen rein ins Herz. Denn je öfter Sie aus dem Herzen heraus leben, desto liebevoller können Sie Ihr eigenes Leben steuern. Sie können nicht steuern, ob Sie anderen gefallen. Sie können auch nicht steuern, wie diese über Sie denken. Daher versuchen Sie es erst gar nicht. Sie haben ja gelesen, wozu das bei Thomas geführt hat. Auch seine Aufgabe ist es, weniger kopflastig zu leben. Mehr auf sein Herz zu hören. Denken Sie an die simple Formel: hartes Herz = hartes Leben.

# Wo klappt's mit der Treue noch nicht?

**Nehmen Sie Papier und Stift zur Hand und schreiben Sie auf, in welchen Lebensbereichen Sie sich noch nicht treu sind. Und wie Sie das ändern wollen.**

•

Beantworten Sie sich dazu folgende Fragen:

•

Wie ist es dazu gekommen?

•

Wie fühle ich mich dabei?

•

Was schließe ich daraus?

•

Was mache ich von jetzt an anders?

•

Wie geht es mir mit dieser Entscheidung?

# Kümmern Sie sich um Ihr inneres Kind

Sie bemühen sich schon das ganze Buch über um Ihr inneres Kind. Aber ich finde diesen Aspekt so wichtig, dass ich ihm trotzdem noch einen eigenen Tag widmen möchte. Schließlich steht das innere Kind für all Ihre Erfahrungen, Gefühle und Erinnerungen aus der Kindheit. Seine Gedanken- und Gefühlsqualität bestimmen Ihre derzeitige Lebensqualität. Je bewusster Sie auf seine Gefühle und Gedanken achten – sie zunächst annehmen und dann verarbeiten –, desto gravierender kann sich auch Ihr erwachsenes Ich verändern.

Sind Sie streng mit sich, so ist auch das Leben streng mit Ihnen. Weil Sie es so interpretieren. Sind Sie liebevoll zu sich und Ihrem inneren Kind – inklusive täglicher Streicheleinheiten –, so ist auch das Leben liebevoll zu Ihnen. Weil es ein Spiegelbild Ihrer inneren Einstellung ist.

In unser aller Seeleninnenraum geschieht die Heilung, sobald wir unser inneres Kind fragen:

### BRAUCHST DU EINE UMARMUNG?

## Waltraut zwang ihr inneres Kind zum Schweigen

Ich habe eine Klientin namens Waltraut. Sie ist schon über 80 Jahre alt und kam eigentlich zu mir, weil sie mit dem Rauchen aufhören wollte. Nach wenigen Gesprächsminuten konnte ich aber feststellen, dass ihr eigentliches Problem ein ganz anderes war ... Ihr wichtigstes Thema lautete Verlust.

Waltraut wuchs während des Zweiten Weltkriegs auf und musste damals viele Nächte im Bombenschutzkeller verbringen. Sie hatte immer große Angst, wenn sie dort saß und draußen die Sirenen heulten. Ihre zwei Brüder kehrten nicht von der Front zurück, Waltrauts Vater nahm sich aus Gram darüber das Leben. Weil ihre Mutter nicht noch weitere Kinder durch den Krieg verlieren wollte, kam Waltraut mit zwei Geschwistern in die Kinderlandverschickung. Sie war lange Zeit von zu Hause weg und niemand kümmerte sich um ihre Ängste.

Als junge Frau lernte Waltraut ihren Mann kennen, sie machten sich selbstständig und waren sehr erfolgreich. Gesundheitlich lief es weniger glänzend: Waltraut litt immer wieder unter Fieberschüben, ging aber nicht zum Arzt. Schließlich ging es Waltraut so schlecht, dass die beiden ihre Firma verkaufen mussten. Daraufhin schlitterte Waltraut in eine schwere Depression. Sie kam in eine Klinik, ließ sich aber nach drei Tagen auf eigene Verantwortung entlassen, weil sie dort nur Tabletten, aber keine Zuwendung erhielt. Wieder zu Hause, verließ sie monatelang nicht ihr Bett und weinte nur.

Waltraut suchte eine Psychologin auf, aber auch die verschrieb ihr nur Tabletten, damit sie wieder am Leben teilnehmen konnte.

Es stellte sich tatsächlich heraus, dass ich die erste Person war, mit der Waltraut über den Krieg und ihre damaligen Ängste sprach. Typisch für Menschen aus ihrer Generation, die sich als Erwachsene aufs Arbeiten konzentrierten, statt sich um so etwas „Komisches" wie das innere Kind zu kümmern. Von einer Umarmung für dieses mal ganz zu schweigen.

Unter meiner Anleitung tat sie genau das. Wir gingen an die Wurzel ihrer Traurigkeit. Es flossen viele Tränen. Aber es ist wichtig, dass die raus sind.

## Sparen Sie nicht mit Umarmungen

Manchmal bringen wir uns selbst in negative Situationen, um etwas Positives zu erreichen. Um Aufmerksamkeit zu bekommen. Um genau die Umarmung zu bekommen, die wir uns selbst nicht geben.

Haben Sie sich auch schon so verhalten? Haben Sie eine negative Stimmung erzeugt, um endlich mal wieder umarmt oder getröstet zu werden? Beenden Sie diesen Weg, er ist auf Dauer nicht der richtige. Er führt nur dazu, dass Sie sich selbst blockieren. Dass Sie etwas Negatives nutzen, weil Sie etwas Positives bekommen möchten. Dadurch allerdings untergraben Sie nur Ihr Selbstwertgefühl. Hören Sie auf zu denken, dass Sie für eine Umarmung kämpfen müssen. Vielleicht mussten Sie das als Kind oder Jugendlicher und hängen deshalb noch an diesem Verhalten.

Sie wollen innerlich wachsen, reifen und sich mehr lieben? Dann erkennen Sie, was genau Sie fühlen. Und wie Sie es fühlen. Vielleicht haben Sie noch einen schlechten Kontakt zu Ihren Gefühlen, aber das wird besser werden, je mehr Sie die Rolle ablegen, die Sie nach außen hin noch spielen. Begreifen Sie, was es bedeutet, dass Sie ein wertvoller Mensch sind. Verstehen und verinnerlichen Sie, wie und von wem Sie geliebt werden. Je mehr Sie in dieses Gefühl kommen und es Ihrem inneren Kind als neue Möglichkeit anbieten, desto mehr haben Sie das Bedürfnis, sich selbst zu umarmen.

### NEHMEN SIE SICH DAS HEUTIGE TAGESMOTTO ZU HERZEN:

≫→

**Ich umarme mich und mein inneres Kind.**

# Ein heilsames Treffen mit Ihrem inneren Kind

**Für diese Übung machen Sie es sich die nächsten
zehn Minuten über bequem und achten wieder darauf,
dass Sie nicht gestört werden. Schließen Sie Ihre Augen
und atmen Sie ganz ruhig ein und aus.**

•

Rufen Sie nun ein Bild von sich als Kind ab –
egal, ob im Baby-, Kleinkind- oder Jugendalter. Nehmen Sie
das Bild so an, wie es sich zeigt. Lassen Sie sich dafür Zeit.
Atmen Sie ruhig weiter.

•

Geben Sie Ihrem inneren Kind
eine liebevolle Umarmung, nehmen Sie es
an die Hand oder lassen Sie es auf Ihrem Schoß Platz nehmen.
Ganz so, wic es ihm am besten gefällt und wie es für Sie umsetz-
bar ist. Bieten Sie Ihrem inneren Kind die Zuwendung,
die Liebe und den Trost, den es braucht. Seien Sie
vollkommen für dieses kleine Geschöpf da.

•

Erklären Sie Ihrem inneren Kind, was das
Schöne am Leben ist und was sie beide noch Wunderbares
zusammen erleben können. Signalisieren Sie ihm,
dass Sie von jetzt an immer ein offenes Ohr
für seine Probleme haben werden.

## Ein positiver Dominoeffekt

Sie entscheiden, welche Heilung Sie Ihrem inneren Kind gewähren möchten. Was Sie von nun an dauerhaft in Ihr Leben integrieren wollen, weil es Ihnen guttut. Sie legen auch fest, welche Gedanken, Gefühle, Bilder und Verhaltensweisen nicht zur Besserung beitragen.

**Die Heilung Ihres inneren Kindes: Diese Formulierung heißt nicht, dass Ihr inneres Kind krank ist. Es bedeutet, dass Sie Ihr inneres Kind erkennen und besser wahrnehmen dürfen – so, wie Sie es bereits in den vergangenen Wochen mit Ihren Gedanken und Gefühlen getan haben. Akzeptieren Sie Ihr inneres Kind so, wie es ist. Nehmen Sie sein Innerstes an. Das schenkt Ihnen mehr Selbstbewusstsein. Sie lieben sich mehr und mehr.**

KLEINE
AUFGABE

Wird die Heilung bei Ihrem inneren Kind in Gang gesetzt, wirkt sich das positiv auf Ihre Gedanken und Gefühle aus. Tritt Heilung bei Ihren Gedanken und Gefühlen ein, wirkt sich das positiv auf Ihren ganzen Körper aus. Das eine bedingt das andere. Alles ist miteinander verbunden.

Wenden Sie sich nun voller Liebe Ihrer Abendübung zu und genießen Sie die Liebe, die Sie dadurch für sich selbst erfahren können. Es handelt sich dabei um eine Metta-Meditation, eine der ältesten buddhistischen Meditationen. Sie steht für „liebende Güte" oder „Herzensgüte".

**ES GEHT UM DAS MITGEFÜHL FÜR ANDERE, ABER VOR ALLEM FÜR UNS SELBST.**

# Ihre Selbstliebe-Meditation

**Machen Sie es sich bequem. Achten Sie wieder darauf, dass nichts und niemand Sie in den nächsten zehn Minuten stören kann. Nehmen Sie ein paar bewusste Atemzüge und schließen Sie Ihre Augen.**

•

Aus der Tiefe Ihres Herzens kommend, sprechen Sie folgende Sätze laut oder in Gedanken wohlwollend zu sich selbst. Wiederholen Sie dabei jeden Satz mehrmals.

•

Möge ich mich selbst wahrnehmen.

•

Möge ich mich selbst akzeptieren.

•

Möge ich meiner selbst bewusst werden.

•

Möge ich mich selbst lieben.

•

Wiederholen Sie am Ende noch einmal alle vier Sätze nacheinander.

•

Suchen Sie sich anschließend einen der Sätze aus, den Sie als Mantra benutzen wollen. Sagen Sie ihn laut oder leise vor sich her und füllen Sie alle Körperzellen damit.

•

➡➤

Dann können Sie einen dieser Sätze gedanklich einer
vertrauten oder geliebten Person zusenden. Natürlich dürfen
Sie Ihren Satz auch jemandem schicken, den Sie oder Ihr
inneres Kind noch als schwierig empfinden. Jemandem,
den Sie ablehnen oder der Ihnen gefühlt große Probleme bereitet.
Denn eine Extraportion Liebe können alle gebrauchen.

•

Sie können das positive Gefühl, das sich in Ihrem Körper
breitmacht, auch auf alle fühlenden Wesen dieser Welt
ausdehnen. Auf alle verletzten inneren Kinder.
Erfreuen Sie sich daran, dass Sie liebende Güte aussenden.

*Diese Meditation finden Sie als Hörversion auf meiner Webseite.*

# Diese Quelle
## können Sie immer anzapfen

Blättern Sie bitte einmal zurück und schauen Sie sich den Baum an, den Sie vor vier Wochen auf Seite 34–35 gezeichnet haben. Vergleichen Sie ihn mit Ihrer aktuellen Zeichnung. Je bestückter Ihr neuer Baum aussieht, desto wertvoller empfinden Sie nun auch Ihr Leben.

Trägt Ihr Baum inzwischen mehr Früchte und Laub? Oder ist er an einigen Stellen noch immer kahl? Wie schauen seine Wurzeln aus? Ragen sie tief in die Erde und werden sie gut gewässert? Gibt es Nutznießer, die sich von Ihrem Baum ernähren? Ohne dass es Ihnen selbst schadet? Oder werden Ihnen noch immer wertvolle Nährstoffe abgezogen, sodass Ihr Baum deshalb nicht ordentlich gedeihen kann? Gibt es noch eine kleine Maus, die für Ihre Zweifel, Sorgen und Ängste steht? Knabbert sie weiterhin an den Wurzeln Ihres Baums? Kommt sie nur noch ganz selten aus ihrem Loch – oder ist sie vielleicht schon ganz verschwunden?

## Hören Sie auf Körper und Seele

So viele Menschen sind ständig bestrebt, es allen recht zu machen. Dabei vernachlässigen sie sich selbst. Ihr Körper reagiert zwar mit Schmerzen und Erkrankungen, aber sie machen trotzdem genauso weiter. Weil sie nicht gelernt haben, rechtzeitig „Stopp" zu sagen. Sie wollen unbedingt Anerkennung und Liebe von anderen bekommen. Und vergessen darüber, dass sie sich diese auch selbst schenken können – und sollen. Hören Sie auf Ihren Körper. Er signalisiert Ihnen, wann es mal wieder an der Zeit ist, sich selbst Zuwendung zu schenken. Genauso macht es die Seele. Auch sie meldet sich, wenn Sie innehalten sollten, um etwas zu verarbeiten.

# Ihr neuer Lebensbaum

**An Tag 1 der ersten Woche habe ich Sie gebeten,
Ihren Lebensbaum aufzuzeichnen. Er verkörpert Ihre
Persönlichkeit, die sich in Körper, Geist und Seele äußert.
Damit Sie einmal bildlich vor sich haben, was Sie in den
vergangenen vier Wochen alles Gutes und Liebevolles für sich
getan haben, starten wir heute direkt mit der Morgenübung:**

•

Schließen Sie für einige Momente Ihre Augen und lassen
Sie Ihren Lebensbaum vor Ihrem geistigen Auge erscheinen. Wie
sieht er jetzt aus – am Ende dieses vierwöchigen Programms?

•

Lassen Sie alles in Ruhe auf sich wirken,
spüren Sie genau in sich hinein.

•

Öffnen Sie Ihre Augen und zeichnen Sie,
was Sie gesehen haben.

Unser Alltag ist oft bis auf die letzte Minute durchgetaktet. Wir hetzen meist von einem Termin zum anderen. Doch gerade in anstrengenden Zeiten ist es wichtig, sich zwischendurch auch mal kurz zurückzuziehen. Und zwar an den inneren Kraftort. Tun Sie das nicht, dann schickt die Seele den Körper vor. Und der meldet sich mit unschönen Symptomen.

**HALTEN SIE SICH AN DAS HEUTIGE TAGESMOTTO:**

**➦➛**

**Ich ziehe regelmäßig Kraft aus meiner inneren Quelle.**

## Ihr innerer Raum der Ruhe

Wenn wir überfordert sind, kompensieren wir das gerne mit stundenlangem Fernsehen, übermäßigem Essen oder zu viel Alkohol. Aber das macht das Ganze nur noch schlimmer. Natürlich entspannen alle Menschen auf ihre eigene Art und Weise. Einige meinen, dass das abendliche Surfen im Internet und auf Social-Media-Kanälen sie relaxen würde. De facto ist das aber nicht so. Denn dabei prasseln Millionen Informationen auf sie ein, sodass ihr Gehirn gar nicht zur Ruhe kommen kann.

Ich empfehle daher eine andere Strategie: Es gibt in jedem Menschen einen inneren Raum der Ruhe, der Stärkung und Kräftigung. Das ist der Ort, an dem wir Energie tanken und unsere Kreativität ins Fließen bringen können. Dort darf unsere Intuition ungehindert zu Wort kommen. Der ständige Informationsstrom bleibt außen vor und auch Probleme haben keinen Zutritt. Dieser Raum ist wie eine erfrischende Quelle, die uns für alle Herausforderungen wappnet. Dort entziehen wir uns für einen Moment der Welt. Wir lassen uns dort nicht mehr von ihr beherrschen. Wir bestimmen dort, was wir zulassen wollen und was nicht.

Indem wir regelmäßig in diese Quelle des Wohlbefindens eintauchen, sind wir wieder in der Lage, Entscheidungen zu treffen. Wir treffen unsere Entscheidungen aus einem Gefühl der Ruhe, der Zuversicht und des Vertrauens heraus. Und wir stellen unsere Entscheidungen dann auch nicht mehr infrage – so wie es oft geschieht, wenn wir sie unter Druck fällen müssen.

## Der Negativ-Magnet in Ihnen

Der Raum der Ruhe, den Sie in der heutigen Abendübung kennenlernen, eignet sich wunderbar, um Blockaden zu lösen. Die sind schließlich nichts anderes als Gefühle, die Sie nicht erleben oder aushalten möchten. Durch diese Abwehrhaltung wird eine Menge Energie gebündelt und im Unterbewusstsein gelagert. Diese negative Energie wirkt wie ein Magnet und zieht immer noch mehr negative Energie an – also das Gegenteil von dem, was Sie eigentlich wollen: Sie locken weiterhin genau das an, womit Sie sich eigentlich nicht befassen möchten.

Kommen Sie in Ihrem Raum der Ruhe an und nehmen Sie die blockierenden Gefühle einmal distanziert wahr. Lösen Sie sich von Ihrer bisherigen Bewertung und richten Sie dadurch Ihre Aufmerksamkeit und Energie neu aus. Jetzt sind Sie ganz bei sich. Sie sind in der Lage zu akzeptieren, was ist. Durch dieses Annehmen begeben Sie sich automatisch in Ihre Selbstliebe.

Die aufgestaute Energie kann wieder frei fließen, was sich manchmal auch durch Tränen zeigt. Aber das ist nur ein schönes Zeichen dafür, dass der Heilungsprozess beginnt ...

# Gönnen Sie sich eine Auszeit

**Machen Sie es sich für diese Meditation noch einmal bequem. Achten Sie darauf, dass Sie in den nächsten zehn Minuten ungestört sind. Schließen Sie Ihre Augen und lassen Sie Ihren Atem frei fließen, indem Sie ganz entspannt ein- und ausatmen.**

•

Nehmen Sie sich Zeit, um die Liebe in sich zu spüren. Die Liebe, die Sie seit Ihrer Geburt begleitet. Die Liebe, die nie weg war – auch wenn es sich vielleicht manchmal so angefühlt haben mag. Spüren Sie, wo in Ihrem Körper sich dieses Gefühl bemerkbar macht. Vielleicht zunächst ganz zaghaft. Lassen Sie sich vertrauensvoll in diese Liebe hineinfallen.

•

Und dann betreten Sie voller Liebe Ihren inneren Raum der Ruhe und des Friedens. Wie sieht der aus? Vielleicht kuschelig mit Sofa und vielen Kissen? Oder ganz clean und schnörkellos? Sie entscheiden. Es gibt an diesem inneren Ort kein Richtig und kein Falsch. Jegliche Anstrengungen finden hier ein Ende. Auch die Anerkennung anderer Personen hat hier keinen Platz, denn Sie sind frei davon. Sie müssen nichts tun. Hier sind Sie einfach nur Sie selbst.

•

Dieser Raum ist frei von Fragen, denn hier liegen alle Antworten. Hier gibt es alles, was Sie für ein gesundes, friedvolles und liebendes Leben brauchen. Nur Sie haben Zutritt. Alle Wertungen anderer Menschen – ob Lob oder Kritik – bleiben außen vor.

•

Tauchen Sie tief in diese Stille ein. Schöpfen Sie Kraft, um sich selbst gegenüber treu zu sein. Spüren Sie Ihre eigene Anerkennung für das, was Sie sind und was Sie tun. Dieser Ort ist Ihre Welt und hat mit der Außenwelt nichts zu tun.

•

Nehmen Sie die pure, reine und liebende Energie aus dieser Meditation mit. Bleiben Sie noch einige Momente in dieser tiefen Entspannung und öffnen Sie dann Ihre Augen.

•

Der innere Raum der Ruhe schenkt Ihnen Stärke, Mut und Gelassenheit. Nehmen Sie dieses neue Selbstbewusstsein so oft wie möglich mit in Ihren Alltag. Lassen Sie sich so immer besser und leichter durch Phasen der Anstrengung tragen.

*Diese Meditation finden Sie als Hörversion auf meiner Webseite.*

# Ziehen Sie Ihr Fazit für die letzte Woche

Herzlichen Glückwunsch! Sie haben sich nun 28 Tage auf respektvolle, aufrichtige, achtsame und liebevolle Art mit sich selbst auseinandergesetzt. Das schafft nicht jeder. Daher ist allein das schon ein Grund, stolz auf sich zu sein. Am heutigen Tag fällt nun der Startschuss für Ihren Neuanfang. Denn Sie sind nicht mehr die Person, die Sie noch waren, als Sie dieses Buch zum ersten Mal in die Hände nahmen.

Vielleicht haben Sie zu Beginn daran gezweifelt, dass es Ihnen gelingen wird, sich selbst (mehr) zu lieben. Zu akzeptieren, was ist. Ihrem Körper zu danken. Mit sich selbst immer mehr Frieden zu schließen. Vielleicht hatten Sie auch Angst vor der Veränderung – nicht wissend oder glaubend, wer Sie hinterher sein würden.

Aber wie Sie nun merken, kann es sich ganz wunderbar anfühlen, sich selbst zu lieben. Den Schmerz endlich hinter sich zu lassen und aus einer neuen Perspektive heraus nach vorn zu schauen. In eine neue Richtung und in eine andere Zukunft als bisher.

## Was wäre, wenn ...?

Nutzen Sie auch am letzten Tag die Was-wäre-wenn-Fragen, um für sich festzulegen, wie sich Ihr weiteres Leben entwickeln darf:

- Was wäre, wenn ich von jetzt an das Leben immer öfter leichter nehmen würde als bisher?
- Was wäre, wenn ich mich von jetzt an immer öfter auf meine innere Schönheit fokussieren würde?
- Was wäre, wenn ich von jetzt an immer öfter die Verantwortung für mein Leben übernehmen würde?

- Was wäre, wenn ich mir von jetzt an immer öfter treu sein würde?
- Was wäre, wenn ich mich von jetzt an immer öfter liebevoll um mein inneres Kind kümmern würde?
- Was wäre, wenn ich von jetzt an immer öfter meine innere Kraftquelle anzapfen würde?

Stellen Sie sich vor, Sie würden jeden dieser sechs Sätze umsetzen und von jetzt an täglich darauf achten. Wie sehr würde das Ihre Selbstliebe wachsen lassen?

Auch heute gebe ich Ihnen ein letztes Mal zwei Tagesmottos mit. Das erste dient dazu, dass Sie Ihre Selbstliebe nicht mehr infrage stellen. Sie ist immer da. Und sie kann die Lösung für viele Probleme in Ihrem Leben sein.

## DAS ERSTE TAGESMOTTO LAUTET:
➤➤⟶

### Selbstliebe war nie die Frage. Sie war schon immer die Antwort.

Das zweite Motto dient dazu, Ihre Selbstliebe weiter zu stärken. Lieben Sie sich jetzt hier und heute. Genauso wie Sie sind. Verinnerlichen Sie dieses Motto tief in Ihrem Unterbewusstsein und Ihrem Herzen. Dadurch bereichern Sie Ihre Gegenwart und die Zukunft.

## IHR ZWEITES TAGESMOTTO:
➤➤⟶

### Ich liebe mich mit jedem Tag mehr und mehr.

Natürlich können Sie sich aus diesen zwei Vorgaben wieder jeweils ein anderes Tagesmotto gestalten. Eines, von dem Sie sagen, dass es genau Ihr Gefühl für Ihre Selbstliebe widerspiegelt.

# Ihre Wachrüttel-Zettel

**Auch heute habe ich noch eine kleine Aufgabe für Sie.
Aber eine, die fortlaufend ist. Eine, die Sie weiterhin begleiten
wird – um Ihnen immer wieder ins Gedächtnis zu rufen,
was in Ihrem neuen Leben wirklich wichtig ist.**

•

In den vergangenen vier Wochen habe ich Ihnen viele
Schlüsselbegriffe genannt. Welche davon haben bei
Ihnen für Aha-Momente gesorgt? Welche haben
neue Emotionen in Gang gesetzt?

•

Schreiben Sie sich diese Begriffe auf kleine Zettel,
die Sie dort hinkleben oder -legen, wo Sie Ihnen ins Auge fallen:
an den Badezimmerspiegel, an den Kühlschrank,
auf den Nachttisch, ins Auto …

•

Welche erinnern Sie daran, wieder mehr Liebe in sich zu fühlen?
Sind die folgenden Begriffe vielleicht darunter?

•

Akzeptanz

•

Genuss

•

Selbstmitgefühl

•

Selbstwert

•

Achtsamkeit

## So bleiben Sie Ihrer neuen Grundhaltung treu

Unsere tägliche Stimmung hängt davon ab, wie wir etwas wahrnehmen und in welcher Laune wir uns etwas bewusst machen. Viele von uns möchten gerne nach ihren eigenen Bedürfnissen leben und meinen, alle anderen müssten sich auch nach diesen richten. Aber absolute Forderungen funktionieren nicht – wie wir in der Welt hinreichend sehen können. Veränderung ist nur möglich, wenn wir bereit sind, Kompromisse einzugehen und flexibler zu reagieren.

> **Das Leben besteht aus Millionen kleiner Momente, die Sie bewusst genießen dürfen, statt ständig den großartigen Ereignissen hinterherzujagen. Auch wenn das Wort „Achtsamkeit" mittlerweile inflationär gebraucht und für Geschäftszwecke missbraucht wird, ist es immens wichtig. Seien Sie achtsam – sich selbst und Ihrer Umwelt gegenüber. Was gestern war oder morgen sein wird, spielt dann keine Rolle. So können Sie sich auch immer leichter von vorschnellen Beurteilungen, Bewertungen oder einem nachtragenden Verhalten lösen. Damit bleiben Sie Ihrer liebenden Grundeinstellung treu.**

KLEINE AUFGABE

Gute, respektvolle und bereichernde Beziehungen können nur funktionieren, wenn wir uns dafür engagieren. Das fängt schon im Geiste an, schließlich gehen wir auch durch unsere Selbstgespräche eine Beziehung mit jemandem ein – mit uns selbst. Achten Sie also auf das, was Sie sich selbst erzählen, denn es spiegelt den Zustand Ihrer Beziehungen wider. Und die sollten geprägt sein von Toleranz. Für das eigene Handeln und das der anderen.

## Ihr authentischer Weg

Seien Sie so präsent, wie Sie es nur sein können. Konzentrieren Sie sich auf das, was ist – nicht auf das, was (besser) sein könnte. Das Reale bringt Sie zu Ihren Mitmenschen und zu sich selbst, nicht das gewünschte und oftmals falsche Ideal, dass Sie krampfhaft versuchen zu sein. Machen Sie sich die Richtung bewusst, die Sie von jetzt an einschlagen wollen. Freuen Sie sich auf diesen neuen Weg mit Ihrem wahrnehmenden, akzeptierenden, selbstbewussten und selbstliebenden Ich.

Es geht um Ihre Bestimmung, um Ihre Verantwortung sich selbst gegenüber. Um Ihre Authentizität. Um Ihre Einzigartigkeit. Sobald Sie anfangen, sich selbst zu lieben, merken Sie, dass Sie bei sich sind. Vielleicht waren Sie eine Zeitlang abwesend. Aber nun sind Sie sich Ihrer Person und Ihrer Selbstliebe wieder bewusst. Sie haben angefangen, sich zu akzeptieren. So wie Sie sind. Bedingungslos. Frei von Erwartungen. Ist das nicht ein tolles Gefühl? Das ist Selbstliebe.

**HALTEN SIE DIESES GEFÜHL GUT FEST.
ES LOHNT SICH.**

➤➤➞

**Versprochen!**

# Ein Selbstliebe-Gedicht

von
**Kim Fleckenstein**

•

Als ich erkannte, dass ich mich neu wahrnehmen durfte,
konnte meine Selbstliebe anfangen zu wachsen.
Oder umgekehrt.

•

Als ich erkannte, dass ich mein Bestes gegeben hatte,
konnte meine Selbstliebe anfangen zu wachsen.
Oder umgekehrt.

•

Als ich erkannte, dass ich ein Geschenk für die Welt bin,
konnte meine Selbstliebe anfangen zu wachsen.
Oder umgekehrt.

•

Als ich erkannte, dass es den Schatten nicht ohne Licht geben kann,
konnte meine Selbstliebe anfangen zu wachsen.
Oder umgekehrt.

•

Als ich erkannte, dass ich okay bin, wie ich bin,
konnte meine Selbstliebe anfangen zu wachsen.
Oder umgekehrt.

•

Als ich erkannte, dass ich einen Schritt zur Seite gehen musste,
um Platz für mein neues Ich zu machen,
konnte meine Selbstliebe anfangen zu wachsen.
Oder umgekehrt.

•

Als ich erkannte, dass ich durch einen Neubeginn
innerlich wachsen kann,
konnte meine Selbstliebe anfangen zu wachsen.
Oder umgekehrt.

•

Als ich erkannte, dass es in meinem Leben
um das bewusste Sein geht,
konnte meine Selbstliebe anfangen zu wachsen.
Oder umgekehrt.

•

Als ich erkannte, dass ich mein Leben ändern kann,
wenn ich es will,
konnte meine Selbstliebe anfangen zu wachsen.
Oder umgekehrt.

•

Als ich erkannte, dass die Selbstliebe nicht die Frage,
sondern die Antwort war,
konnte meine Selbstliebe anfangen zu wachsen.
Oder umgekehrt.

•

Als ich erkannte, dass es nichts zu fürchten gibt,
konnte meine Selbstliebe anfangen zu wachsen.
Oder umgekehrt.

•

Als ich erkannte, dass das für alle Lebewesen gilt,
konnte meine Selbstliebe anfangen zu wachsen.
Oder umgekehrt.

# Geführte Meditationen & Bonusmaterial

Einige Übungen aus diesem Buch habe ich im Studio eingesprochen. Sie können sich von mir also auch durch eine Hörversion führen lassen. Gehen Sie dazu bitte auf meine Webseite **www.kimfleckenstein.com** und klicken Sie unter der Rubrik „Bücher" auf „10 Minuten für die Selbstliebe". Dort geben Sie bitte das Passwort „Selbstliebe" ein und gelangen so zu den Übungen, die Sie auch auf Ihren Computer herunterladen können.

## Woche 1 – Selbstwahrnehmung:

**Tag 1** – Schlagen Sie Wurzeln wie ein Baum (siehe Seite 36–37)

**Tag 3** – Mehr Liebe, weniger Angst (siehe Seite 49)

**Tag 7** – Nehmen Sie sich bewusst wahr (siehe Seite 75)

## Woche 2 – Akzeptanz:

**Tag 1** – Die Peace-Finger (siehe Seite 87)

**Tag 4** – Ganz leicht weg vom Perfektionismus (siehe Seite 103)

**Tag 5** – Ich bin bereit (siehe Seite 109)

**Tag 6** – Üben Sie sich in Dankbarkeit (siehe Seite 119–120)

**Tag 7** – Hallo Gefühl, hallo Gedanke (siehe Seite 125)

## Woche 3 – Selbstbewusstsein:

**Tag 2** – Ein Blick aus der Sternenperspektive (siehe Seite 146–147)

**Tag 3** – Knipsen Sie Ihr inneres Licht an (siehe Seite 151)

**Tag 5** – Return to Sender (siehe Seite 169–170)

**Tag 7** – Sie sind so viel mehr (siehe Seite 183)

## Woche 4 – Selbstliebe:

**Tag 1** – Atmen Sie die Schwere weg (siehe Seite 193–194)

**Tag 5** – Ihre Selbstliebe-Meditation (siehe Seite 221–222)

**Tag 6** – Gönnen Sie sich eine Auszeit (siehe Seite 227–228)

Online warten außerdem noch zwei weitere Meditationen als Bonusmaterial auf Sie. Lassen Sie sich überraschen.

## Kim Fleckenstein

„Altes loslassen, Neues zulassen" lautet das Credo von Kim Fleckenstein. Das ist keine Floskel, sondern ein Grundsatz, nach dem sie ganz bewusst lebt und Entscheidungen trifft. Nach einer langjährigen Karriere als Führungskraft in der Textilbranche realisierte sie ihren wirklichen Berufstraum: andere Menschen bei persönlichen Herausforderungen zu unterstützen – und nicht nur bei der Kleiderwahl. Kim Fleckenstein absolvierte daraufhin Ausbildungen zur Hypnosetherapeutin und zum NLP-Coach. Sie ist Heilpraktikerin für Psychotherapie und zertifizierte Meditationstrainerin.

Kim Fleckenstein lebt und arbeitet in München. Sie hält Seminare ab und verkauft seit 2012 unter ihrem Namen Hypnose- und Meditations-Apps. Von Kim Fleckenstein gibt es bereits drei weitere Bücher: *Ab heute stresst mich gar nichts mehr*, *Ab heute schlaf ich richtig gut* und *Ab heute lass ich endlich los.* In ihrem Podcast „Selbstläufer" dreht sich alles um das „Selbst": wie man es findet, akzeptiert und wertschätzt.

Mehr über die Autorin erfahren Sie auch auf ihren Websites **www.kimfleckenstein.com** und **training.kimfleckenstein.com**, wo sie ein 12-Wochen-Onlinetraining zu den Themen „Panik stoppen" und „Ängste stoppen" anbietet.

# Ich empfehle Ihnen folgende Apps zur Unterstützung:

### Get Love! – Selbstliebe lernen

Sie wollen sich selbst besser annehmen und lieben? Dieses 20-minütige Programm hilft Ihnen dabei zu erkennen, dass Sie es selbstverständlich wert sind, sich selbst lieben zu können. Entdecken Sie, wie dieses Programm Sie dabei unterstützt, Ihr Selbstwertgefühl zu steigern.

### Get Self-Confidence! – Selbstbewusster werden

Sie fühlen sich noch nicht selbstbewusst genug? Sie würden gerne öfter Nein sagen und wollen souveräner auftreten? Diese 25-minütige App kann Sie sehr gut dabei unterstützen. Lassen Sie sich auf dieses Programm ein und spüren Sie, wie Sie sich mit jedem Tag besser, selbstbewusster und innerlich stärker fühlen können.

### Stop Fears! – Ängste überwinden

Sie haben oft Angst? Sie grübeln schon im Vorfeld über Situationen nach und machen sich Sorgen, wie diese verlaufen könnten? Dann holen Sie sich diese 25-minütige Hypnose und lassen Sie Ihre bewussten und unterbewussten Angstmuster los. Lösen Sie sich auch von Ihren bisherigen Vermeidungsstrategien und gehen Sie mit neuem Mut Ihr Leben an.

# Impressum

© 2018 ZS Verlag GmbH
Kaiserstraße 14 b
D-80801 München

ISBN 978-3-89883-828-3
1. Auflage 2018

**Projektleitung:** Raffaela Niermann
**Buchtexte:** Kim Fleckenstein, Anna Butterbrod
**Lektorat:** Sylvie Hinderberger
**Satz:** Christopher Hammond
**Grafische Gestaltung:** Johanna Höflich
**Herstellung:** Frank Jansen
**Producing:** Jan Russok
**Druck & Bindung:** Lanarepro, I-Lana

Die ZS Verlag GmbH ist ein Unternehmen der Edel AG, Hamburg.
www.zsverlag.de | www.facebook.com/zsverlag